现代农民扫盲教育系列读本

sheng huo zhong de shu yu suan

生活中的数与算

甘肃省扫盲教育系列读本编委会

兰州大学出版社

甘肃省扫盲教育系列读本编委会

序　言

甘肃省人民政府副省长　郝 远

扫除文盲是我国《宪法》规定的国家基本任务之一，也是提高全民族受教育水平、实现社会公平的重要手段。做好扫盲教育工作对于贯彻落实科学发展观，提高人口素质，构建社会主义和谐社会和建设社会主义新农村具有十分重要的意义。

甘肃是一个经济社会欠发达的西部省份，经过长期的不懈努力，全省扫盲工作取得了可喜的成绩，到2010年，全省如期完成了基本扫除青壮年文盲的历史性任务。但是，我们也清醒地认识到，我省扫盲教育工作任务仍然十分艰巨。据第六次人口普查数据显示，全省还有成人文盲222.27万人。面对新形势，为了建立扫盲教育工作的长效机制，省政府转发了教育厅等部门《关于进一步加强扫盲工作的意见》，对改革扫盲教育教学方法提出了新的要求，也对编写出版符合新时期扫盲工作发展要求的扫盲教材提出了更高的要求。

扫盲教材是整个扫盲教育工作的基础性工作。近年来,我省一直非常重视扫盲教材的编写工作。2009年,省教育厅组织专家编写了全新的《现代农民知识系列实验读本》,在全省进行了试验。今年,根据教育部新颁布的《扫盲教育课程与教学改革指导意见》,对新编的扫盲教材进行了规范性的修改,更名为《现代农民扫盲教育系列读本》,并组织专家进行了审定。在内容上,以提高学习者的生活质量为中心,增加了反映现代社会对公民基本素质和基本实践能力要求的内容;在形式上,注重资源的多样性,满足不同层次学员的学习需求;在编排上,增强了教材的趣味性,提高了教材的可读性,与以往各种版本的扫盲教育教材相比,具有与时俱进的特点,发生了全方位的变化。我相信,新编扫盲教材的广泛使用,必将对改进我省扫盲教育教学工作方式、提高扫盲教育质量、巩固扫盲教育成果、激发扫盲对象的自学热情产生积极的影响。

扫除文盲教育工作是一项功在当代、利泽千秋的伟大事业,是为全面建设小康社会奠基性的民生工程。全省各级政府要按照省政府确定的扫盲教育的目标和任务,加大工作力度,高质量地全面完成本区域内扫除青壮年文盲的任务。特别是乡镇政府、村委会组织要明确分工,齐抓共管,形成合力,保质保量,共同完成本区域内的扫盲工作任务。广大青壮年要积极响应政府号召,积极主动地接受扫盲学习和脱盲后的继续教育,勤奋刻苦地学习文化知识和生产生活技能,不断提高脱贫致富奔小康的素质和能力。教育部门要认真履行牵头实施扫盲工作的责任和义务,为扫盲教育提供条件和教学指导保障。广大扫盲工作者要结合文盲学员的实际需求,充分发挥新编扫盲教材的作用,突出扫盲的实效性,提高扫盲教育的质量和效益,共同为早日实现全面扫除文盲的目标而努力奋斗!

2011年7月

目　录

模块一 数的认识

本模块分“百以内数的读写”、“千以内数的读写”、“万以内数的读写”和“人民币与小数”4 个主题。学习的主要目的是正确认识生活中常见的数，解决生活中有关数的认识的实际问题，并为后面的学习打下基础。其中“百以内数的读写”是“千以内数的读写”和“万以内数的读写”的基础。万以内的数比较大，学习者理解起来比较困难，对万以内数的认识最好借助立方体学具和计数器。主题 4 通过人民币的认识引入对小数的认识。对小数的认识只要能认识什么样的数是小数即可，不做更高要求。

主题1 百以内数的读写

★学习目标

认识并能正确读写百以内的数。

★学习指导

1.1~9这九个数字比较常见,也可以从生活中的事物找到实例,相对比较好理解。数字0比较抽象,较难理解,学习者可以借助书中的图来认识。

2.对于两位数,学习者先要认识和理解数位,并在这个基础上正确读写两位数。

生活离不开数,如:电话号码、邮政编码、身份证号码、钱数、化肥和农药的重量等都是用数表示的。

★活动案例

胡进明数鸡

★知识卡片

生活中我们经常会遇到数。

1

2

3

4

5

6

7

8

9

10

盘子中一个馒头都没有，用零表示。

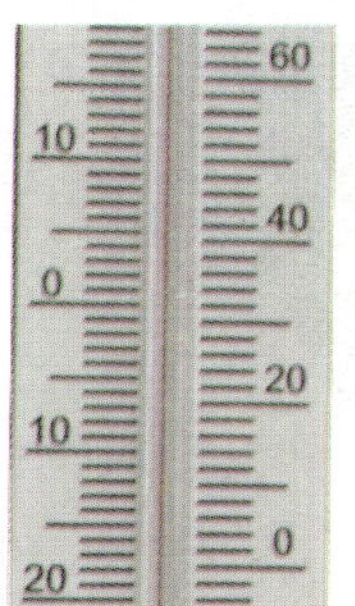

生活中，其他地方也用到0。

0 1 2 3 4 5 6 7 8 9 10

是，这是两位数。两位数有十位和个位两个数位，读和写的时候都从高位十位开始。如，这个数的十位上是1，个位上是4。读作：十四；写作：14。

十位	个位
1	4

这两个数，一个是17，十位上是1，个位上是7，写作：17；读作：十七。另一个数是20，十位上是2，个位上是0，写作：20；读作：二十。

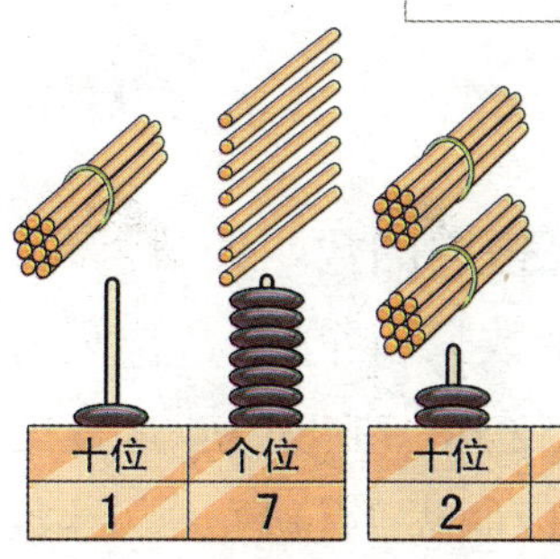

右边是 1~100 的数，你试试看，都会读会写吗？

1	2	3	4	5	6	7	8	9	10
11	12	13	14	15	16	17	18	19	20
21	22	23	24	25	26	27	28	29	30
31	32	33	34	35	36	37	38	39	40
41	42	43	44	45	46	47	48	49	50
51	52	53	54	55	56	57	58	59	60
61	62	63	64	65	66	67	68	69	70
71	72	73	74	75	76	77	78	79	80
81	82	83	84	85	86	87	88	89	90
91	92	93	94	95	96	97	98	99	100

★知识链接

你知道吗？

像 0、1、2、3、4、5、10、21、36、78、100 等这样的数叫做自然数。在自然数中，0、1、2、3、4、5、6、7、8、9 这几个数只有个位，数位只有一位，所以叫做一位数；像 10、23、36、48、52、60、71、89、94 这样的数，既有个位，又有十位，数位有两位，所以叫做两位数。自然数

中一位数有10个，最大的一位数是9，最小的一位数是0；自然数中两位数有10、11、12、13、14……99，共有90个，最大的两位数是99，最小的两位数是10。

自然数0、1、2、3、4……不仅可以表示物体的个数，还可以表示物体的顺序。如：村民在村委会排队领取退耕还林款，李阳排在第23位；马秀兰家住在新农村小区第9栋。这里的23、9都表示顺序。

★教你一招

数鸡蛋

练一练

一、下面是十里铺村刘大爷一大家十口人的年龄数（单位:岁），你会读吗？

3　15　28　31　38　40　64　66　87　89

二、下面是张大湾村第一自然村九户人家五月份的用电数(单位:度)，请写出下面各数。

八、十七、三十七、四十一、五十九、七十二、八十八、九十六、一百

主题2　千以内数的读写

★学习目标

1.认识并能正确读写千以内的数。

2.掌握比较两个数大小的方法,并能实际应用。

★学习指导

1.学习者先认识100,然后认识200、300等这些整百数。在认识整百数的基础上,再认识其他的千以内的数。

2.比较两个数的大小,是学习这部分内容的一个难点,要先理解“教你一招”中的比较方法,再通过适度的练习来提高能力。

生活中不仅会遇到像8、9、23、56、81这样的小一些的数,还会遇到一些比较大的数,如378、451、956等。

★活动案例

胡进明还钱

★知识卡片

除了我们前面学习过的一些数，还有一些更大的整百数。

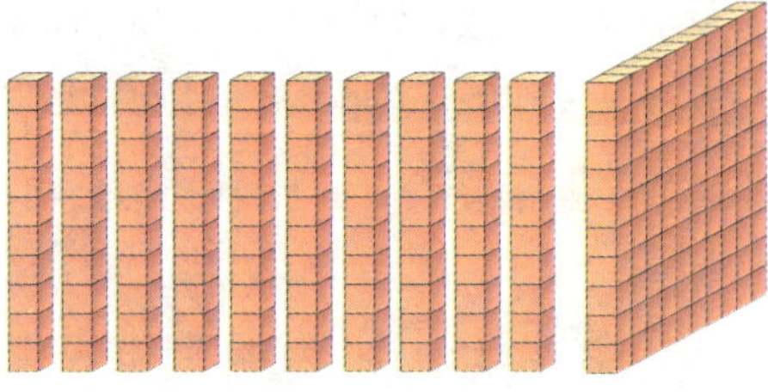

一个一个地数，10 个一是 10。　　十个十个地数，10 个十是 100。

像 100、200、300、400、500、600、700、800、900 这样的数叫做整百数。

整百数的读法：

300 读作三百，它由 3 个百组成；500 读作五百，它由 5 个百组成；700 读作七百，它由 7 个百组成。

整百数的写法：

四百写作：400；六百写作：600；九百写作：900。

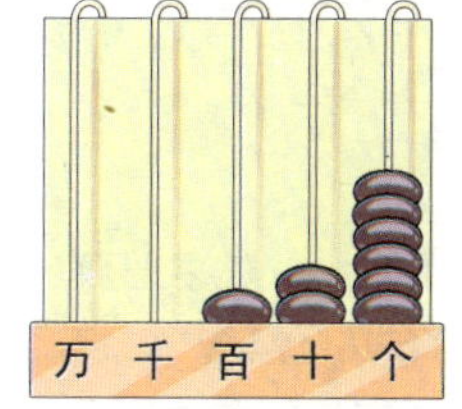
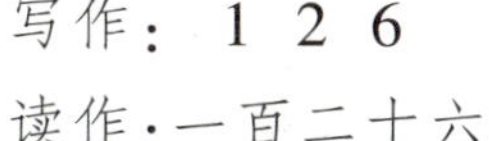

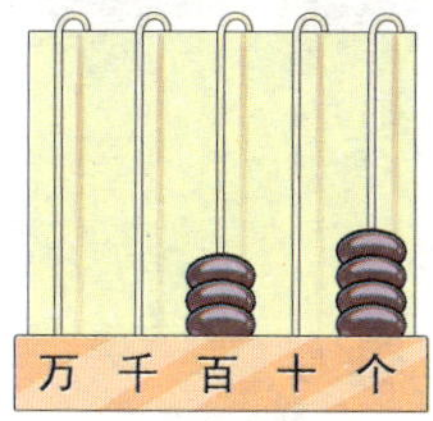

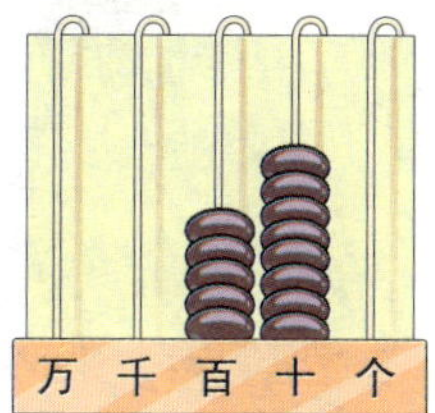

写作：	1 2 6	3 0 4	5 8 0
读作：	一百二十六	三百零四	五百八十

126 由 1个百、2 个十和 6 个一组成；304 由 3 个百和 4个一组成；580 由 5 个百和 8 个十组成。

★知识链接

你知道吗？

自然数 0、1、2、3、4、5、6、7、8、9、10、11、12、13、14、15……有无限多个，其中的 1、3、5、7、9、11、13、15、17……叫做奇数，俗称单数，有无限多个；2、4、6、8、10、12、14、16、18……叫做偶数，俗称双数，也有无限多个。

★教你一招

比较两个数大小的方法

比较两个数的大小：
首先看这两个数的位数是否相同。

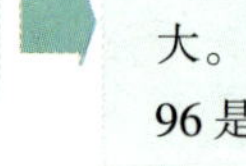

如果位数不同，位数多的数就大。如：124>96(124是三位数，96是两位数，所以124>96)。

如果位数相同，就看最高位上的数哪个大。

最高位上的数不同，最高位上的数大的那个数就大。
如：324>298(都是三位数，但324的最高位上的数“3”比298最高位上的“2”大，所以324>298)。

如果最高位上的数相同，就看下一位上的数哪个大。

如果下一位上的数不同，下一位上的数大的那个数就大。
如：324>319(324和319都是三位数，最高位百位上都是3，但十位上324是2，319是1，所以324>319)。

依此类推，直到最终比较出两个数的大小为止。

一、这是扫盲学员练习的题目，你能读出下面各数，并说一说它们的组成吗？

这片树林里有 980 棵树

807 名运动员参加了甘肃省农民运动会

二、扫盲班杨老师给学员出了下面的练习题，你能写出下面各数吗？

草场上有三百三十九只羊

湿地上有四百二十只水鸟

三、下面是生活中经常会遇到的一些数量，你能比较每组中两个数量的大小吗？

143 千克和 134 千克，560 米和 506 米，989 吨和 988 吨。

主题3 万以内数的读写

★学习目标

1.理解千位、百位、十位、个位这些数位。

2.认识并能正确读出和写出万以内的数。

★学习指导

1.万以内的数比较大，学习者理解起来比较困难，最好能借助立方体学具和计数器。

2.学习者要认识千位、百位等这些数位，在认识数位的基础上正确读写万以内的数。

生活中免不了要和银行、邮局、商店等打交道。去银行存款、取款，到邮局取钱、寄钱，到商店购买化肥、农药，等等，都离不开数和计算。

★活动案例

胡进明寄钱

★知识卡片

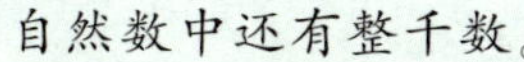

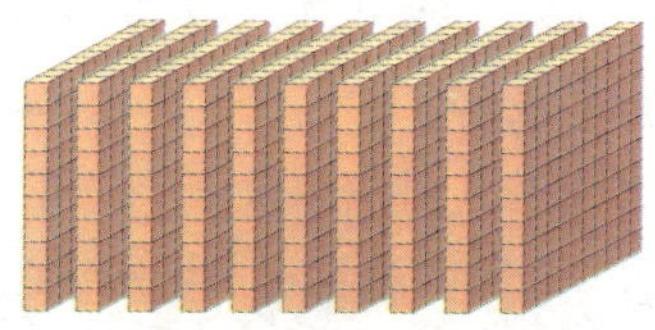

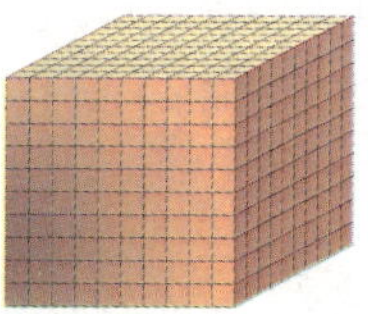

一百一百地数，10 个一百就是一千。

像 1000、2000、3000、4000、5000、6000、7000、8000、9000 这样的数叫做整千数。

整千数的读法：2000 读作二千，它由 2 个千组成；8000 读作八千，它由 8 个千组成。

整千数的写法：四千写作：4000；七千写作：7000；九千写作：9000。

除了整千数外，四位数中还有其他的数。你试着把下面的数在计数器上画一画，并读一读。

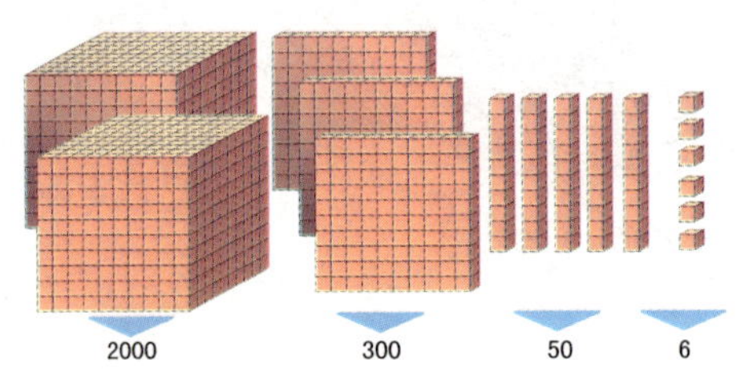

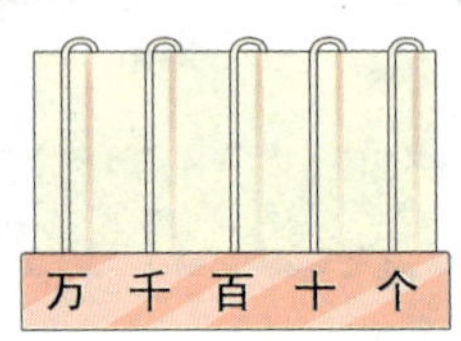

写作： 2 3 5 6

读作：二千三百五十六

这个数是由2个千、3个百、5个十和6个一组成的。

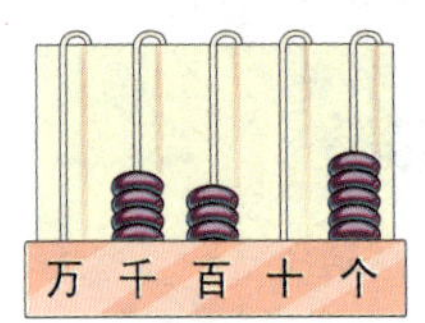

写作： 4 3 0 5

读作：四千三百零五

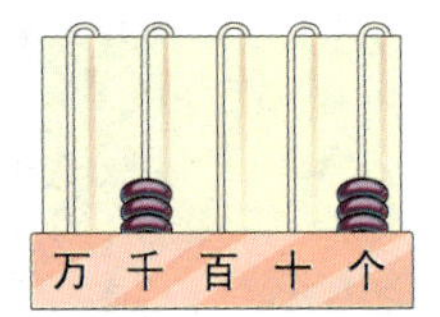

写作： 3 0 0 3

读作： 三千零三

4305的最高位是千位，它是由4个千、3个百和5个一组成的；

3003的最高位是千位，它是由3个千和3个一组成的。

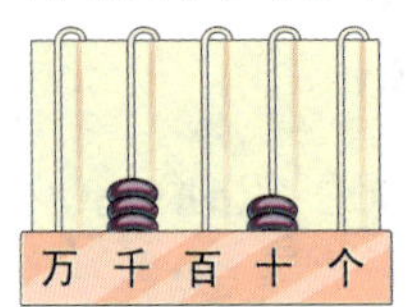

写作： 3 0 2 0

读作： 三千零二十

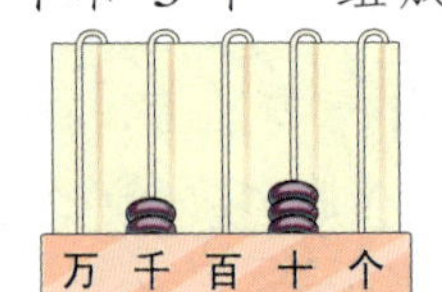

写作： 2 0 3 0

读作： 二千零三十

3020是由3个千和2个十组成的，2030是由2个千和3个十组成的。

★知识链接

你知道吗?

1个千等于10个百,1个百等于10个十,1个十等于10个一;

1个千等于100个十,1个百等于100个一;

1个千等于1000个一。

★教你一招

多位数的读法和写法

多位数的读法:

1.从高位读起;
2.千位上是几就读作几千,百位上是几就读作几百,……
3.中间有一个或几个零,只读一个零;
4.末尾的零不读出来。

例如:
3124读作:三千一百二十四
6008读作:六千零八
5100读作:五千一百

多位数的写法：

1.从高位写起；
2.哪个数位上没有数就用零占位。

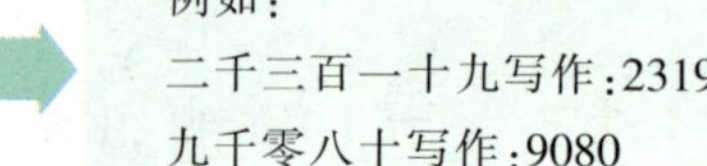

例如：
二千三百一十九写作：2319
九千零八十写作：9080

练一练

一、下面是扫盲班的杨老师给学员出的三个数，你能把它们写出来和读出来吗？

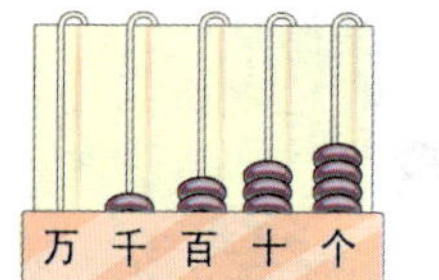

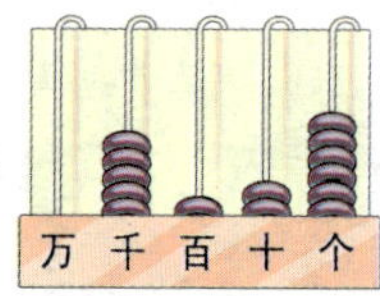

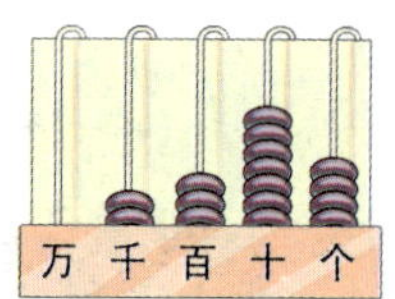

二、下面是方山乡农民2006—2009年参加乡文化站活动的人数(单位：人次)，你能读出这几个数吗？

1369　　2415　　6378　　9800

三、下面是北山村的高明2006—2009年外出打工挣的钱数(单位：元)，你能写出这几个数吗？

一千零二十五、六千一百三十四、八千七百三十九、九千七百零三

四、这是胡进明在扫盲班学习时要完成的数学题，你能帮他回答下面的问题吗？

1. 2300中有几个千几个百？

2. 4个千、3个百、5个一组成的数是多少？

3. 7008和7800这两个数的读法有什么不同？

主题4 人民币与小数

★学习目标

1.结合实物认识人民币,并了解元、角、分的进率。

2.结合具体内容认识小数,知道小数的实际意义。

3.能识别小数,会读写小数。

★学习指导

学习认识人民币与小数这部分内容时,要注意:

1.用实物认识;

2.联系生活实际中具体的量来认识小数;

3.以一位小数为主;

4.对小数的定义只描述为:像0.5、1.06……这样的数叫小数。

人们的生活中离不开货币,货币俗称为钱。我们国家使用的货币是人民币。

日常生活中的量,有时候无法用整数表示时,就需要用小数表示。

例如:7元3角=7.3元,8角=0.8元,

1米64厘米=1.64米,2米9分米=2.9米。

★活动案例

赵大妈进城

★知识卡片

1.认识人民币

人民币的单位分为元、角、分。人民币的面值有：

100 元可换 2 张 50 元,还可以换 5 张 20 元,还可以换____张 10 元;20 元可以换 2 张 10 元,还可以换____张 5 元。

2.认识小数

像 13.60、10.20、3.1、0.05……这样的数叫做小数。

小数里的这个小圆点我们把它叫做小数点，小数点左边是整数部分,小数点右边是小数部分。

整数部分	小数点	小数部分
1 3	.	6 0
5 2	.	0 7

表示几个 1,是“个位”。

表示几个 $\frac{1}{10}$，是“十分位”。

13.60 读作:十三点六零　　52.07 读作:五十二点零七

小数的数位顺序表

	整数部分						小数点	小数部分				
数位	…	万位	千位	百位	十位	个位	·	十分位	百分位	千分位	万分位	…
计数单位	…	万	千	百	十	一		十分之一	百分之一	千分之一	万分之一	…

在小数的末尾添上“0”或去掉“0”，小数的大小不变。

如：10.20 元=10.2 元

0.07600=0.076

注意：在小数的末尾添上“0”或去掉“0”，只能是末尾，而不是其他的地方。

例如 0.6，在小数的中间添一个 0，就是 0.06，而 0.6 不等于 0.06。又如 8.05 的中间去掉 0，就是 8.5，而 8.5 不等于 8.05。

★知识链接

元、角、分换算

1 元=10角=100 分　　1 角=10 分

1 分=0.1 角=0.01 元　　1 角=0.1 元

如：10.20 元=10 元 2 角　　0.35 元=3 角 5 分

28 元 6 角 5 分=28.65 元

4 角=0.4 元　　9 分=0.09 元

小数点左边表示几元，小数点右边不满 1 元，表示几角几分。

★教你一招

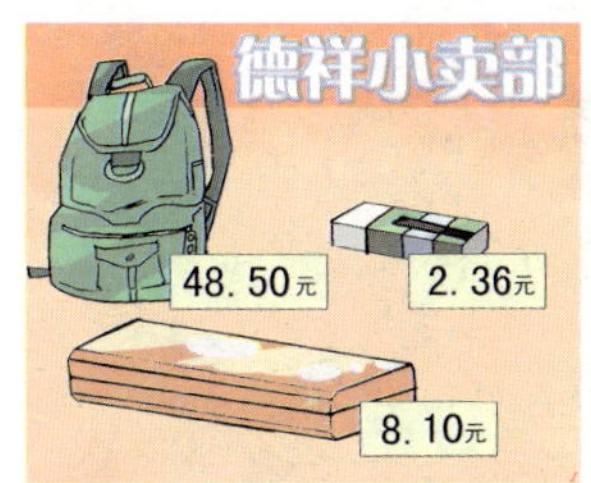

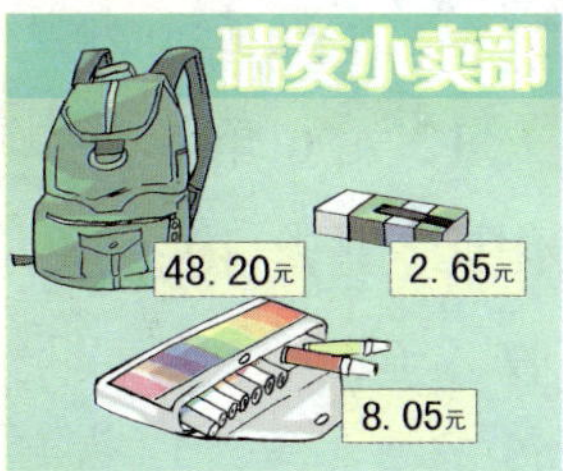

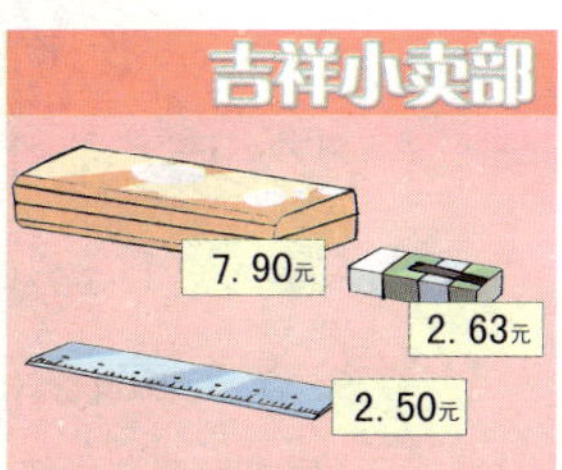

比较两个小数大小的方法

先看它们的整数部分，整数部分大的那个小数就大；

整数部分相同的，比较小数部分，先看它们的十分位，十分位上数大的那个小数就大；

若十分位也相同，再比较百分位，依次类推。

练一练

一、你能用学过的小数表示吗？

(　　　)元

(　　　)元

(　　　)元　　　　　　　　(　　　)元

二、扫盲班杨老师给学员出了下列练习题,你会做吗?

王嫂今天买菜用去 12 元 6 角 5 分,即(　　　)元。

杨大叔买了一袋化肥,用去 40 元 8 角,即(　　　)元。

李大爷卖黄花菜收入 62 元 5 角,即(　　　)元。

三、填空。

1.25 元/袋　　　　3.70 元/盒

一袋牛奶是(　)元(　)角(　)分,

一盒牙膏是(　)元(　)角(　)分。

四、下面是生活中经常遇到的一些数量,你能比较每组中两个数的大小吗?

4.25 元和 6.23 元　　　　8.49 米和 8.59 米

72.36 元和 72.34 元　　　　14.06 元和 14.00 元

模块二 加与减

本模块主要内容为整数和小数的加、减运算及整数的加减混合运算。重点是理解加、减法的意义，知道在什么情况下用加法，什么情况下用减法。明白小数加、减法的算理与整数相同，对于小数计算可借助于计算器，笔算不做过高的要求。加减混合运算的重点是理解运算的顺序，能正确进行简单的计算，会解决关于加减混合运算的实际问题，对于稍复杂的计算可借助计算器计算。本模块的学习一定要结合生活中的实例进行，使学习者经历学习的过程，形成自己对知识的体验。

主题 1 10 以内的加、减法

★学习目标

1.理解加、减法的含义，知道加、减法各部分的名称。

2.能熟练地进行 10 以内的加、减运算。

★学习指导

生活中的加、减法，大家都能用自己的方法正确计算，但将生活中的实例与加、减法的意义联系起来就有一定的困难。本主题的学习，就是要结合生活实例，掌握什么情况下用加或减计算。同时，掌握 10 以内数的组成，可以帮助学习者提高计算速度。

我们经常会遇到在原有的数量上再添加一些或减少一些，求添加或减少后得多少的问题，这就涉及加、减法计算。

★活动案例

王大伯种树

★知识卡片

要知道现在有多少棵枣树，就是要把去年种的3棵和今年种的5棵合起来，用加法计算。

加号　等号

3 + 5 = 8（棵）

加数　加数　和

3　5
8

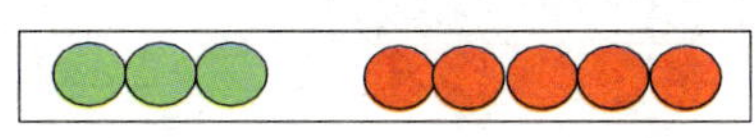

要知道现在枣树比梨树多几棵，就要从8中去掉4，也就是从8中减去4，这就是减法运算。

减号

8 - 4 = 4（棵）

被减数　减数　差

8
4　4

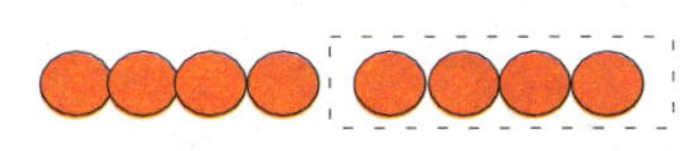

★知识链接

10以内的加法表

1+1=2	2+1=3	3+1=4	4+1=5	5+1=6	6+1=7	7+1=8	8+1=9	9+1=10
1+2=3	2+2=4	3+2=5	4+2=6	5+2=7	6+2=8	7+2=9	8+2=10	
1+3=4	2+3=5	3+3=6	4+3=7	5+3=8	6+3=9	7+3=10		
1+4=5	2+4=6	3+4=7	4+4=8	5+4=9	6+4=10			
1+5=6	2+5=7	3+5=8	4+5=9	5+5=10				
1+6=7	2+6=8	3+6=9	4+6=10					
1+7=8	2+7=9	3+7=10						
1+8=9	2+8=10							
1+9=10								

10 以内的减法表

10－1=9									
10－2=8	9－1=8								
10－3=7	9－2=7	8－1=7							
10－4=6	9－3=6	8－2=6	7－1=6						
10－5=5	9－4=5	8－3=5	7－2=5	6－1=5					
10－6=4	9－5=4	8－4=4	7－3=4	6－2=4	5－1=4				
10－7=3	9－6=3	8－5=3	7－4=3	6－3=3	5－2=3	4－1=3			
10－8=2	9－7=2	8－6=2	7－5=2	6－4=2	5－3=2	4－2=2	3－1=2		
10－9=1	9－8=1	8－7=1	7－6=1	6－5=1	5－4=1	4－3=1	3－2=1	2－1=1	
10－10=0	9－9=0	8－8=0	7－7=0	6－6=0	5－5=0	4－4=0	3－3=0	2－2=0	1－1=0

★教你一招

10 以内数的组成

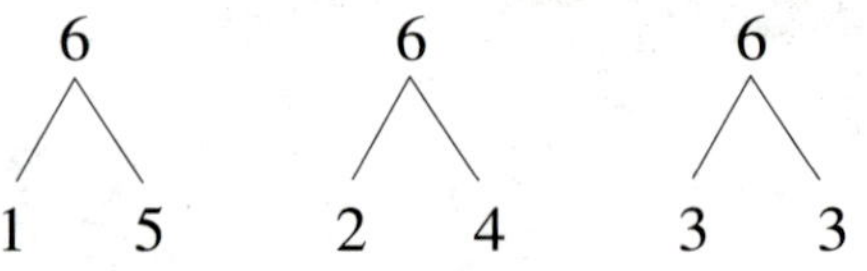

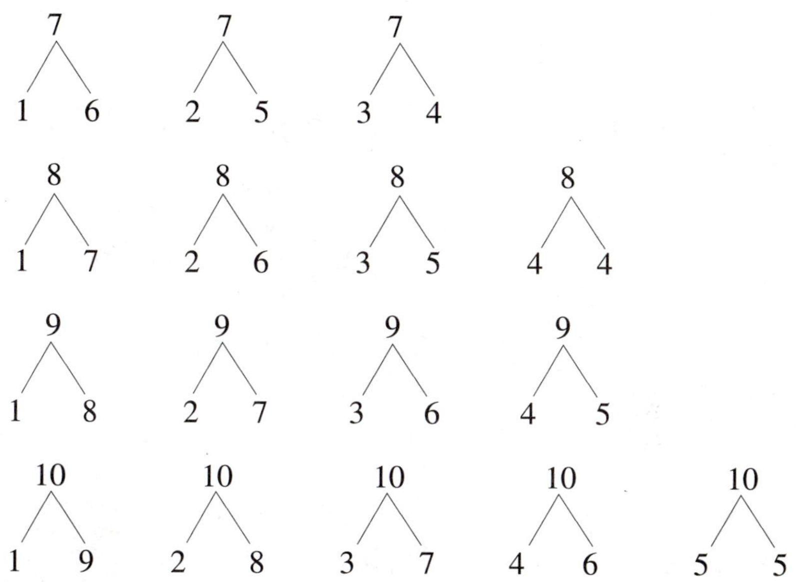

练一练

一、这是扫盲班学员练习的题目，你能说一说吗？

1. 7 可以分成几和几？

2. 9 可以分成几和几？

二、你能解决扫盲班学员提出的几个问题吗？

主题2 20以内的加、减法

★学习目标

进一步理解加、减法的意义，能熟练地计算20以内的加法和减法。

★学习指导

计算20以内的加、减法，如果不进位或不退位，一般没有什么难度。本主题的难点是：计算加法时，如果个位相加满十，就要向十位进一；计算减法时，如果个位不够减，就要从十位借一（借一当十）再减。

前面已经学习了10以内的加、减法，下面要学习的20以内的加、减法与10以内的加、减法的意义是完全相同的。

★活动案例

王大伯请客

★知识卡片

计算买烟和酒的总钱数，就是把买两样东西的钱数合并起来，仍用加法计算，但计算时会出现进位。

7 + 5 = 12(元)

5 分成 3 和 2，7 与 3 合成 10

将加法算式中较小的数5，分成3和2，用3和7相加得10，10再加2得12。

20−12=8(元)

可以这样想：20−10=10

10−2=8

20−12=8

要知道找多少元，就要从20元中去掉买东西用去的12元，也就是从20元中减去12元，用减法计算。

还可以用竖式算：

$$\begin{array}{r} \dot{2}\ \overset{10}{0} \\ -\ 1\ 2 \\ \hline 8 \end{array}$$

个位不够减，就从十位退1当10来减。

在加法运算中，交换加数的位置，和不变；在减法运算中，被减数与减数的位置不能交换。

★知识链接

20以内的进位加法表

9+2=11	8+3=11	7+4=11	6+5=11	5+6=11	4+7=11	3+8=11	2+9=11
9+3=12	8+4=12	7+5=12	6+6=12	5+7=12	4+8=12	3+9=12	
9+4=13	8+5=13	7+6=13	6+7=13	5+8=13	4+9=13		
9+5=14	8+6=14	7+7=14	6+8=14	5+9=14			
9+6=15	8+7=15	7+8=15	6+9=15				
9+7=16	8+8=16	7+9=16					
9+8=17	8+9=17						
9+9=18							

20 以内的退位减法表

11－2=9							
12－3=9	11－3=8						
13－4=9	12－4=8	11－4=7					
14－5=9	13－5=8	12－5=7	11－5=6				
15－6=9	14－6=8	13－6=7	12－6=6	11－6=5			
16－7=9	15－7=8	14－7=7	13－7=6	12－7=5	11－7=4		
17－8=9	16－8=8	15－8=7	14－8=6	13－8=5	12－8=4	11－8=3	
18－9=9	17－9=8	16－9=7	15－9=6	14－9=5	13－9=4	12－9=3	11－9=2

“凑十”法和“破十”法

1.凑十法。

计算20以内的加法时，可以用“凑十法”来计算。“凑十法”是两个数加起来大于10小于20的加法通常采用的方法。用“凑十法”进行加法计算时要注意：看大数想补数，根据补数拆小数，10加剩余便是和。用“凑十法”计算的诀窍是：一想，二分，三相加。

例如：计算9+5时，把较小数5拆成1和4，1和较大数9凑成了10，再用10加剩余的4得14。

2.破十法。

计算20以内的减法时，可以用“破十法”来计算。用“破十法”进行减法计算时要注意：先把被减数拆成10和小数，然后用10减减数，所得的差再加小数便是最后的结果。

例如：计算16−7时，将16拆成10和6，用10−7=3，再用3加上6得9。

练一练

解决实际问题

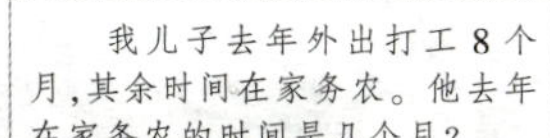

主题3　多位数的加法

★学习目标

1.会口算整十、整百数的加法，会笔算多位数的加法。

2.能结合具体情况进行估算。

★学习指导

1.学习者在计算连续进位的多位数加法时很容易出错，要特别注意。

2.在生活中需要估计结果的情况很多，学习者应结合具体实例选择合适的估计方法解决实际问题。

我们经常会遇到多位数的加法计算，这些加法计算与前面学习的简单加法的意义是相同的，只是参与计算的数变大了而已。

★活动案例

王大伯算账

★知识卡片

要知道王大伯准备的2300元够不够，需要进行估算。在估算时，将两个加数看成与它们最接近的整百数，将这两个整百数加起来，算得的和就是实际钱数的近似数。

$$524 + 1799 \approx 500 + 1800 = 2300(\text{元})$$

约等号

我们是把524看成500算出来的，所以实际的价钱一定比2300元多一些，因此，我准备的2300元不够。

那么，买这两样家用电器实际需要多少元呢？这样的多位数加法，一般用竖式计算。

524 + 1799 =2323(元)

$$\begin{array}{r} 1\ 7\ 9\ 9 \\ +\ {}_{1}5\,{}_{1}2\,{}_{1}4 \\ \hline 2\ 3\ 2\ 3 \end{array}$$

用竖式计算多位数的加法，要记住三条：

1.相同数位对齐；

2.从个位加起；

3.哪一位上的数相加满十，就向前一位进1。

求近似数的方法

1.四舍五入法。

在取近似数的时候，如果尾数的最高位数字是4或者比4小，就把尾数去掉；如果尾数的最高位数字是5或者比5大，就把尾数舍去并且向它的前一位进“1”，这种取近似数的方法叫做四舍五入法。

例如：王大伯家离村委会有296米，如果要知道大约是几百米，就要看百位2后面的尾数96的最高位，最高位是9，就要向百位进“1”，与原来的200加起来就是300。也就是说296的近似数是300。

2.进一法。

根据实际情况，不管尾数最高位是几，都要向它的前一位进1，这种方法叫做进一法。

例如：李大妈家离村委会有294米，如果从村委会向李大妈家埋设自来水管道，需要准备多少米长的水管？如果只准备294米，实际应用时，加上损耗会出现不够，因此取近似值时，应用进一法。

3.去尾法。

根据实际需要，不管尾数最高位上的数是几都要舍去，这种方法叫做去尾法。

例如：村上修建水利设施，农田实行喷灌，200米安装一个喷水口。王大伯家的地的长度是296米，需要安装几个喷水口？这时候，不管它的尾数是几，都要把尾数全部去掉。那么296的近似数就是200。

★教你一招

连加计算中巧用“凑十法”

742+1070+368 = 2180

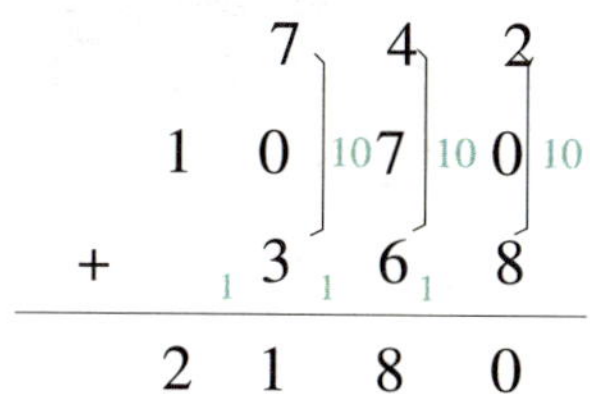

每一位上的数相加时，先把能凑成10的数加起来。

练一练

一、王大伯今天去集市，卖了养殖的羊、兔、鸡，你来算算，一共收入多少元？

			总计
1876 元	878 元	290 元	

二、王大伯家去年的纯收入是7740元，今年比去年多2139元。王大伯家今年的纯收入是多少元？

主题4 多位数的减法

★学习目标

1.学会笔算多位数的退位减法。

2.用所学知识解决生产和生活中的实际问题。

★学习指导

在多位数减法中,如果是连续退位,一般容易忘记将前一位借的10,与原来数位的数合起来再去减,因此,学习者在计算时一定注意,不要忘了原来数位上的数。

计算多位数减法,比较麻烦,因此我们一般都用计算器来算,但我们还是应该学会它的笔算算法。

★活动案例 王大伯整理图书

科学养殖类图书	250本	科学种植类图书	236本
农业机械维修类图书	380本	娱乐类图书	118本

★知识卡片

解决“科学种植类图书比娱乐类图书多多少本”的问题，就是从236本图书中去掉118本，这就用到了减法。我们可以先估算一下。

236可以看作240，118可以看作120，240−120=120。还可以用竖式计算得到准确的结果。当个位上的数不够减时，怎么办？

$$\begin{array}{rrrr} & & \dot{} & 16 \\ & 2 & 3 & 6 \\ - & 1 & 1 & 8 \\ \hline & 1 & 1 & 8 \end{array}$$

可以从被减数的十位借一个10，和个位原来的6合起来，也就是16，再去减8。

用竖式计算多位数的减法，要记住三条：

1. 相同数位对齐；
2. 从个位减起；
3. 哪一位上的数不够减，就从前一位退1，在本位上加10再减。

★知识链接

连续退位的减法

2452−1963=489

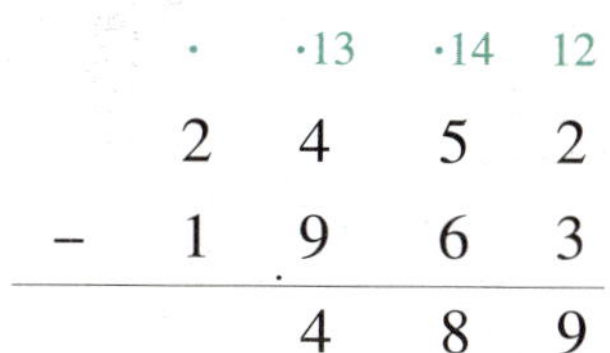

$$\begin{array}{rrrrr} & \dot{} & \dot{}13 & \dot{}14 & 12 \\ & 2 & 4 & 5 & 2 \\ - & 1 & 9 & 6 & 3 \\ \hline & & 4 & 8 & 9 \end{array}$$

★教你一招

简便计算

1.“王大伯家买了367千克化肥，给妹夫家拉去了198千克。王大伯自家留了多少千克化肥？”解决这个问题，可以这样算：

367−198

= 367−200+2

= 167+2

= 169（千克）

> 把198看成200，这样多减了2，所以再加上2。

2.“王大妈去集市卖花生，一共收入421元。回来时王大妈又在集市上用卖花生的钱买了209元的蔬菜种子，卖花生的钱还剩下多少元？”解决这个问题，可以这样算：

421−209

= 421− 200−9

= 221−9

= 212（元）

> 把209看成200，这样少减了9，所以要再减去9。

练一练

一、这是扫盲学员练习的题目，请先估一估，再算一算。

250−210　　138−36　　345−199　　652−301

二、你能解决下面的问题吗？

主题5 小数的加、减法

★学习目标

1.借助元、角理解小数加、减法的意义。

2.学会小数加、减法的基本计算方法。

3.能用计算器进行小数加、减计算。

★学习指导

计算小数加(减)时要突出以下三个方面:

1. 对位。用整数计算,角和角相加(减),分和分相加(减),即相同单位的数对齐才能相加(减)。用小数计算,十分位和十分位上的数对齐,百分位和百分位上的数对齐,也就是小数点对齐,才能相加(减)。

2.加、减的顺序。用整数计算和用小数计算,都是从低位加(减)起。

3.进位。用整数和小数计算都是满10进1。

生活中处处存在小数,特别在购买商品时,需要合计这些商品多少钱,售货员应找回多少钱……学会了小数加减的计算方法,这些问题就难不倒我们了。

★活动案例

赵大妈买菜

★知识卡片

小数加、减法的计算其实跟整数加、减法一样，必须先把相同数位对齐，再按照整数加、减法的计算方法来计算。小数加、减法中的数位对齐，就是把两个小数的小数点对齐。

得数的小数部分末尾有0，一般要把0去掉。

如上面的问题：

2.8元=28角　　1.6元=16角　　28角+16角=44角

也就是4.4元。

		元 角
2元8角		2 . 8
+1元6角	也就是	+ 1 . 6
4元4角		4 . 4

10 元=100 角　4.4 元=44 角　100 角−44 角=56角

也就是 5.6 元。

```
  10元0角                 元 角
−  4元4角    也就是       10.0
————————                −  4.4
   5元6角                ——————
                           5.6
```

这里的 0 起占位的作用，可以写也可以不写。

★知识链接

小数的加、减混合运算和整数的加减混合运算一样，按照从左到右的顺序依次运算。

如，计算 51.36+26.5+15.64：

```
  51.36         51.36+26.5+15.64
+ 26.5         =77.86+15.64
———————        =93.50
  77.86        =93.5
+ 15.64
———————
  93.50
```

末尾的 0 可以去掉。

又如，计算 9.84−5.37+6.57：

```
  9.84         9.84−5.37+6.57
− 5.37        =4.47+6.57
——————        =11.04
  4.47
+ 6.57
——————
 11.04
```

用计算器试一试。

小数的简便运算——“凑整法”

名称	白菜	土豆	萝卜	合计
支出(元)	42.35	20.7	18.65	

在小数加减法运算中，如果两个数的和(或差)的结果是整数，就先把这两个数相加(或相减)。

42.35+20.7+18.65
=(42.35+18.65)+20.7
=61+20.7
=81.7(元)

此题中 42.35 与 18.65 的小数部分相加是整数，先计算。

练一练

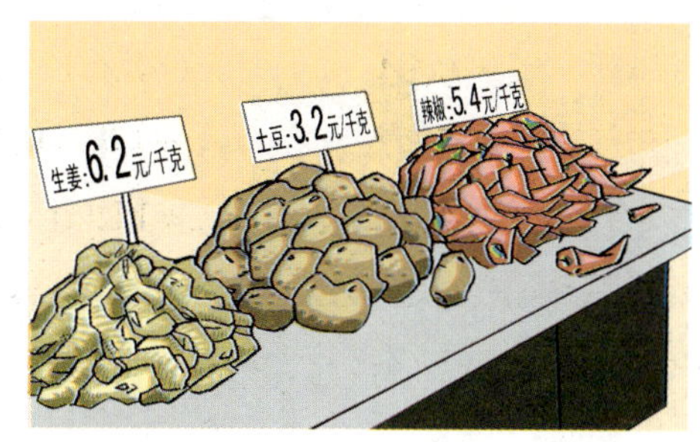

一、买 1 千克土豆和 1 千克辣椒一共多少元？买 1 千克生姜比 1 千克辣椒贵多少元？你有 10 元钱，可以买什么？

二、这是李大伯两天卖菜的收入记录，大家帮着算一算，看谁的方法最简单。

	白菜	土豆	萝卜	收入(元)
第一天	36.78	46.9	18.22	
第二天	45.08	43.25	23.75	

三、根据图中的条件解答问题。

主题6 加减混合运算

★学习目标

1.掌握加减混合运算的运算顺序,能正确地进行计算。

2.能完成有关加减混合运算的简便运算。

3.能用加减混合运算解决简单的实际问题。

★学习指导

1.根据学习内容与当地的实际,选择学习者较熟悉的情境进行学习。

2.结合实际问题选择适当的算法,学习者应该明白两点:

(1)解决同样的问题可以有不同的解题思路;

(2)同一个算式可以用不同的算法求出结果。

在日常生活中,除了简单的加、减运算外,有时还需进行加减混合运算。计算加减混合运算要按照一定的顺序进行。

★活动案例

聪明的老刘

★知识卡片

加减混合运算的运算顺序

老刘列出的算式是267−77−53，像这样的算式还有65+125+57、128−68+45、230+70−110等。在这类算式里，只有加、减法，一般要按从左往右的顺序计算。

老刘是这样算的：

$$
\begin{aligned}
&267-77-53\\
&=190-53\\
&=137\text{（千克）}
\end{aligned}
$$

再如：

$$
\begin{aligned}
&65+125+57\\
&=190+57\\
&=247
\end{aligned}
\qquad
\begin{aligned}
&128-68+45\\
&=60+45\\
&=105
\end{aligned}
\qquad
\begin{aligned}
&230+70-110\\
&=300-110\\
&=190
\end{aligned}
$$

200-(65+35),我们又该如何计算呢?

“(　　)”叫做小括号。

在算式里有括号,要先算括号里面的。

200-(65+35)

=200-100

=100

★知识链接

加减混合运算中的添括号和去括号

在加减混合运算中,有时候需要把括号去掉,有时候又需要添加括号。不论是添括号还是去括号,都要按一定的规律进行。

加减混合运算中,在加号后面添上或去掉括号,括号里的运算不变号。

例如:409+57+43=409+(57+43)=409+100=509

388+(112-87)=388+112-87=500-87=413

加减混合运算中,在减号后面添上或去掉括号,括号里的运算要变号。

例如:415-157-43=415-(157+43)=415-200=215

548-(148+87)=548-148-87=400-87=313

★教你一招

学会用简算，计算快又准

像这样的算式，常常使用凑整(拆分)的方法进行运算。先把其中的几个数凑成(或把一个数拆分成几个)整十、整百或整千的数，再计算，这样就比较简便了。

45+78+55	219+(81−37)	238−(38+57)
=45+55+78	=219+81−37	=238−38−57
=100+78	=300−37	=200−57
=178	=263	=143

练一练

一、王明家去年种地收入5145元，农闲时做小买卖收入2519元。今年全部的收入是9827元，今年比去年多收入多少元？

二、昨天，我拉了500千克西瓜去镇上卖，上午卖出161千克，下午卖出239千克，还剩下多少千克西瓜？

三、李大爷家的三块地里分别种了玉米、胡麻、小麦。秋收后玉米、胡麻、小麦各卖了2100元、4700元、3900元，一共收入多少元？

模块三 乘与除

本模块主要涉及整数的乘、除法，整数的乘除混合运算及四则混合运算。通过表内乘法和表内除法的学习，理解乘、除法的意义，在此基础上学习多位数的乘、除法，通过学习应能解决生活中有关乘、除法的简单的实际问题。在经历解决实际问题的过程中，感受乘除混合运算及四则混合运算顺序规定的必要性，形成解决问题的步骤和方法，掌握四则混合运算中比较简单的一些简算技巧，提高解决生活中实际问题的能力。本模块的学习一定要结合生活中的实例进行，注重学习者已有的经验，使学习者经历学习的过程，形成自己对知识的体验。

主题1 表内乘法

★学习目标

1.理解乘法运算的意义,知道乘法算式各部分的名称。

2.熟记乘法口诀,比较熟练地口算表内乘法。

★学习指导

1.生活中的表内乘法,大家一般都能用自己的方法算出结果,但将生活中的实例与乘法的意义联系起来就有一定的困难,这是本主题的学习重点。

2.要想很快地计算简单的乘法,熟练地记忆乘法口诀非常重要,这是学习者学习本主题必须要做到的。

在连加计算中,我们常常会遇到几个相同加数相加的情况,这样的连加还有比较简便的算法。

★活动案例

李大爷卖菜

★知识卡片

9斤西红柿卖了多少钱？可以这样算：

$$2+2+2+2+2+2+2+2+2=18(元)$$

这个算式中的加数是相同的，像这样求几个相同加数的和的运算，还可以用乘法计算。上面的加法算式可以改写成乘法算式：2×9 或 9×2

2 × 9 = 18 …… 相同加数的和

2：相同加数　9：相同加数的个数

乘法算式的各部分也有名称和读法。

2 × 9 = 18

×：乘号

2：因数　9：因数　18：积

这个算式读作：2乘9等于18。表示9个2连加得18或2的9倍是18。

再算一算：(1)辣椒卖了多少钱？

(2)番瓜卖了多少钱？

乘法口诀表

乘法口诀(也叫“九九歌”)在我国已经有两千多年的历史了。

一一 得一								
一二 得二	二二 得四							
一三 得三	二三 得六	三三 得九						
一四 得四	二四 得八	三四 十二	四四 十六					
一五 得五	二五 一十	三五 十五	四五 二十	五五 二十五				
一六 得六	二六 十二	三六 十八	四六 二十四	五六 三十	六六 三十六			
一七 得七	二七 十四	三七 二十一	四七 二十八	五七 三十五	六七 四十二	七七 四十九		
一八 得八	二八 十六	三八 二十四	四八 三十二	五八 四十	六八 四十八	七八 五十六	八八 六十四	
一九 得九	二九 十八	三九 二十七	四九 三十六	五九 四十五	六九 五十四	七九 六十三	八九 七十二	九九 八十一

★教你一招

乘法计算中的小常识

1.一个乘法口诀可以表示两个乘法算式。

例如："七八五十六"可以算出两个算式的结果。

8×7=56　　7×8=56

这就是说，在乘法中，交换两个因数的位置，积不变，这是乘法的交换律。

2."0"和任何数相乘都得"0"。

例如：5×0=0，0×9=0

3."1"与任何数相乘都得原数。

例如：9×1=9，1×8=8

练一练

一、你能用乘法口诀很快算出下面各题吗？

2×8=	3×4=	6×3=	7×8=
1×7=	6×6=	5×3=	9×9=
8×5=	2×7=	9×4=	5×5=
7×6=	5×9=	8×3=	9×7=

二、你能解决下面的问题吗？

1.胡王家自然村有9户人家，平均每户有5口人。算一算，胡王家自然村共有多少口人？

2.李莉家有6盏电灯，平均每盏电灯每个月用电5度。李莉家的6盏电灯每个月用电多少度？

3. 吴新民去年养了9头肉牛。今年扩大养殖规模，养的肉牛是去年的5倍。吴新民今年养了多少头肉牛？

4.黄家洼村靠近国家公路主干道，利用修建高速公路的机会，联合购买了9台农用车，为高速公路运送石料。每台农用车司机带装卸工共4人，黄家洼村共有多少人在为高速公路运送石料？

主题2　表内除法

★学习目标

1.知道除法的含义以及除法各部分的名称，理解乘、除法之间的关系。

2.能够比较熟练地运用乘法口诀求商。

★学习指导

1. 本主题学习的难点是理解乘法与除法之间逆运算的关系，并能结合实例选择计算方法。因此，学习的重点应放在结合具体实例理解除法的意义上。

2.对于用乘法口诀求商，要把重点放在看算式找相应的口诀上。

在“表内乘法”一课中，我们学习了已知两个因数，要求它们的积用乘法计算。那么，如果知道两个因数的积和其中的一个因数，怎样求另一个因数呢？

★活动案例

李大爷买化肥

★知识卡片

把48袋化肥每8袋分成一份,看能分成这样的几份,这就用到了除法。可以列这样的算式:48÷8。

除法是乘法的逆运算。可以用乘法口诀来求除法算式的结果,这样算:

48 ÷ 8 =6(次)

可以这样想:8和( )相乘得48,因为8×6=48,所以得数是6。

除法算式,它的各部分也有名称和读法。

除号 → ÷

48 ÷ 8 = 6

被除数(48)　除数(8)　商(6)

在实际生活中，一些东西常常需要被平均分成几份，一人一份，这也需要用除法计算。

我收了自家地里种的14棵白菜，要挑到集市上去卖。把这些白菜平均放在2个竹筐里，每个竹筐可以放几棵白菜？

在这里提到的“平均”指的就是每一份都要分得一样多。

这个问题可以这样解决：14÷2=7（棵）

因为除法是乘法的逆运算，所以熟记并利用乘法口诀可以帮助我们快速求商。这里用到的乘法口诀是：二七十四。

你知道吗？

除法既可以用上面的横式计算，也可以用下面的竖式进行计算。

$$
\begin{array}{r}
9 \\
7\overline{)\,63} \\
63 \\
\hline
0
\end{array}
$$

9……商

除数……7

63……被除数

★教你一招

除法计算中的小常识

1.一个乘法口诀一般可以表示两个除法算式。

例如：根据“五八四十”可以写出两个除法算式。

40÷5=8　　　　40÷8=5

但当乘法口诀中的两个因数相同时，如“五五二十五”，就只能写出一个除法算式。

例如：25÷5=5。

2. 0除以任何一个不是0的数都得0。0不能做除数。

例如：0÷7=0，0÷4=0

3.任何数除以1都得原数。

例如：6÷1=6，9÷1=9。

练一练

一、你能用乘法口诀很快算出下面各题的商吗？

10÷2=	9÷3=	16÷4=	20÷5=
36÷6=	42÷7=	64÷8=	81÷9=

二、你能解决下面图中人物提出的问题吗？

主题3 多位数的乘法

★学习目标

1.能够比较熟练地口算整十、整百数乘一位数以及两位数乘一位数。

2.学会多位数乘一位数的计算方法。

★学习指导

多位数乘法的学习,关键是会算两位数乘一位数。一定要用一位数依次去乘两位数的个位和十位,再把它们合起来。

我们已经学习了表内乘法，熟练地记住了乘法口诀，有时我们还需要计算多位数的乘法。

★活动案例

李大爷给庄稼除害虫

★知识卡片

案例中李大爷的问题实际上就是求12个2连加的和是多少，可以列这样的算式：2×12。

如果口算，你可以这样想：

2×9=18

2×10=20

2×2=4

20+4=24

9个2的和是18，再加一个2是20。

还可以列乘法竖式。在列竖式时我们一般将数位较多的数写在上面，数位较少的数写在下面。

$$\begin{array}{r}1\ 2\\ \times\ \ \ 2\\ \hline 2\ 4\end{array}$$

1 2 ……因数

× 2 ……因数

2 4 ……积

可以这样想：

$$\begin{array}{rl}1\ 2 & \\ \times\ \ \ 2 & \\ \hline 4 & \rightarrow 2\times2\\ 2\ 0 & \rightarrow 10\times2\\ \hline 2\ 4 & \end{array}$$

一般情况下，列竖式计算两位数乘一位数时，中间绿色的部分在计算熟练后就可以不写了。

如果全村共有217亩地，需要买多少千克农药？

217×2=434(千克)

$$
\begin{array}{r}
2\ 1\ 7 \\
\times \quad {}_{1}\ 2 \\
\hline
4\ 3\ 4
\end{array}
$$

计算多位数乘一位数要记住两条：

1.从个位起用一位数依次去乘多位数的每一位数；

2.哪一位上乘得的积满几十，就向前一位进几。

★知识链接

计算多位数乘多位数，我们可以借用计算器，这样可以大大提高计算的速度。我们也可以了解一下多位数乘多位数竖式计算的方法。

多位数乘多位数的竖式计算

“王村有一棵百年古树，为了保护它，要在树干上绕草绳。绕一圈需要114厘米草绳，要绕21圈，一共需要草绳多少厘米？”解决这个问题，可以这样算：

$$
\begin{array}{lrl}
 & 1\ 1\ 4 & \\
 & \times \quad 2\ 1 & \\
\hline
 & 1\ 1\ 4 & \cdots\cdots \quad 114\times1 \\
\text{228 表示 228 个十}\cdots\cdots & 2\ 2\ 8\ \ \ & \cdots\cdots \quad 114\times20 \\
\hline
 & 2\ 3\ 9\ 4 &
\end{array}
$$

乘法计算中有关“0”的知识

1.多位数中间有0的乘法。

如:1006×8，因为0和任何数相乘都得0，所以可以这样写：

$$\begin{array}{r} 1\ 0\ 0\ 6 \\ \times\ \ \ \ {}_{4}8 \\ \hline 8\ 0\ 4\ 8 \end{array}$$

中间的两个0要分别和8相乘，所得的0也不能省略；进上来的数必须加上，不能漏掉。

2.多位数末尾有0的乘法。

如:2500×3，因为0和任何数相乘都得0，所以可以这样写：

$$\begin{array}{r} 2\ 5\ \vdots\ 0\ 0 \\ \times\ {}_{1}3\ \vdots\ \ \ \ \ \ \\ \hline 7\ 5\ \vdots\ 0\ 0 \end{array}$$

先用3去乘多位数的0前面的数，再看多位数末尾有几个0，就在乘得的积的末尾添写几个0。

练一练

一、李大爷坐火车去看在城里的儿子。他看到车厢内写着“硬座座位：118 个”。他看了看，发现乘坐的火车挂了 9 节硬座车厢。李大伯乘坐的这列火车有多少个硬座座位可供乘客乘坐？

二、西果园袁家湾村家家户户都在种百合。原来都是自己种自己卖，每亩地的纯收入是 3000 元。后来村里成立了百合种植合作社，化肥、农药、种子统一购买，收获的百合也统一销售，每亩地的纯收入是原来单干时的 2 倍。现在每亩地的纯收入是多少元？

主题4 多位数的除法

★学习目标

1.熟练地口算一位数除整十、整百、整千数的除法。

2.掌握两、三位数除以一位数的笔算方法,能正确地计算。

★学习指导

1.计算两、三位数除以一位数的重点,是要用除数依次去除被除数的每一位数,并且要做到从被除数的最高位开始一位一位地试除,除到哪一位就把商写到那一位上面。

2.理解每次除得的余数都要比除数小是本主题的难点,学习者要理解余数比除数小的道理。

我们已经学习了表内除法,能熟练地运用乘法口诀计算表内除法,有时我们还需要进行多位数的除法计算。

★活动案例

李大爷卖羊

★知识卡片

案例中的问题实际上就是要把 2889 平均分成 9 份，看每一份是多少。可以列这样的算式：2889÷9。

可以列竖式算一算：

```
      3 2 1
9 ) 2 8 8 9
    2 7
    ———————
      1 8
      1 8
    ———————
          9
          9
    ———————
          0
```

被除数的最高位比 9 小，说明商不够 1 个千，就把百位的 8 和千位的 2 合起来，商 3 个百，在商的百位上写“3”，还余下一个百。

被除数的百位余下的 1 和十位的 8 合起来除以 9，商 2 个十，就在十位上写“2”。

被除数个位的 9 除以 9，商 1 个一，就在个位上写“1”。

除数是一位数除法的竖式计算方法

1.从被除数的最高位除起，每次用除数先试除被除数的前一位，如果它比除数小，再试除被除数的前两位；

2.除到被除数的哪一位，就把商写到这一位的上面；

3.哪一位上不够商 1，就在那一位上补 0；

4.每求出一位商，余下的数都必须比除数小。

除数是两、三位数除法的竖式计算方法与除数是一位数除法的竖式计算方法基本相同。

```
        4 7
28)1 3 1 6
   1 1 2
     1 9 6
     1 9 6
         0
```

除法的验算方法

如果买家告诉李大妈:“2889 元就是每只羊 350 元的总价钱。”李大妈只要这样算,就可以验证买家说的是不是真话了。

350×9=3150(元)

```
    3 5 0
×     4 9
  3 1 5 0
```

比给的 2889 元多，买家给的每只羊的价钱一定比 350 元少。

验算除法计算是否正确,只要用商乘除数,看结果是不是等于被除数。如果等于被除数,那么原来除法的计算正确；如果不等于被除数，那么原来除法的计算就不正确。能这样验算的原因是乘法和除法互为逆运算。

★教你一招

被除数的中间或末尾有0的除法计算

1.不用竖式计算，用口算更快。

240÷2=120

想：200÷2=100
40÷2=20
100+20=120

2000÷5=400

想：20个百÷5=4个百
=400

2.被除数的中间或末尾有“0”，竖式计算可以简写。

$$
\begin{array}{r}
204 \\
2\overline{)408} \\
\underline{4} \\
8 \\
\underline{8} \\
0
\end{array}
\qquad\qquad
\begin{array}{r}
650 \\
4\overline{)2600} \\
\underline{24} \\
20 \\
\underline{20} \\
0
\end{array}
$$

练一练

一、你能解决下面图中的人物提出的问题吗？

二、王强家今年种了玉米48亩，是种胡麻面积的4倍。胡麻种了多少亩？

主题 5　乘除混合运算

★学习目标

1.掌握乘除混合运算的运算顺序,能正确计算简单的乘除混合运算。

2.掌握一些乘除混合运算的简算技巧,能解决一些简单的实际问题。

★学习指导

在经历解决问题的过程中，感受乘除混合运算顺序规定的必要性,掌握乘除混合运算的顺序。在学习时,要充分利用生活情境,独立思考,自主探索,形成解决问题的步骤和方法。先求什么,用什么方法计算;再求什么,又用什么方法计算;最后求什么,用什么方法计算。使解题的步骤与运算的顺序结合起来。

在日常生活中,除了简单的乘、除运算外,有时还需进行乘除混合运算。

★活动案例

王明买菜

★知识卡片

乘除法混合运算的运算顺序

要想求20千克辣椒的价钱,就要先知道1千克辣椒的价钱。可以列这样的算式60÷15×20。这样的算式还有60÷15÷2、3×6×9、60×2÷40等等。这类算式里,只有乘、除法,没有加、减法,一般要按从左往右的顺序计算。

王明是这样算的:

60÷15×20
=4×20
=80(元)

再如:

3 × 6 ÷ 9	12 × 5 ×20	160 ÷ 4 ÷ 10
=18 ÷ 9	=60 × 20	=40 ÷ 10
=2	=1200	=4

乘除混合算式里有括号，要先算括号里面的。

$$800\div(25\times4)$$
$$=800\div100$$
$$=8$$

★知识链接

特殊算式的结果要牢记

在计算时，如果记住下面这些特殊算式的结果，对我们的计算会有很大的帮助。

25×4=100	2×5=10
25×8=200	2×50=100
125×2=250	20×5=100
125×4=500	2×500=1000
25×40=1000	200×5=1000
125×8=1000	20×50=1000

乘除混合运算中的添括号和去括号

在乘除混合运算中，有时候需要把括号去掉，有时候又需要添加括号。不论是添括号还是去括号，都要按一定的规律进行。

乘除混合运算中，在乘号后面添上或去掉括号，括号里的运算不变号。

例如：$12\times25\times4=12\times(25\times4)=12\times100=1200$

$8\times(125\div4)=8\times125\div4=1000\div4=250$

乘除混合运算中，在除号后面添上或去掉括号，括号里的运

算要变号。

例如：$700\div25\div4=700\div(25\times4)=700\div100=7$

$160\div(16\times2)=160\div16\div2=10\div2=5$

★教你一招

乘除运算要熟练，遇到问题不慌乱。

如在计算 25×19×4 时，除按照从左往右的顺序计算外，我们还可以这样计算：

$25\times19\times4$

$=(25\times4)\times19$

$=100\times19$

$=1900$

原来是先将 25×4 凑成整百，这样计算可真简便噢！

在连乘的算式中，我们常常使用凑整的方法，把乘积是整十、整百或整千的数先进行计算，这样比较简便。

练一练

一、王明打算在自家房子背后的荒山上种树，每天能种 20 棵。3周的时间（每周按 7 天计算）一共能种多少棵树？

二、张大伯家的3只小羊羔卖了270元。按这样的价格，李大爷家的5只小羊羔能卖多少钱呢？

三、李兵打工一天能挣60元。每个月按25天计算，一年他能挣多少钱呢？

主题 6 四则混合运算

★学习目标

1.掌握四则混合运算的运算顺序,能正确计算简单的四则混合运算。

2.掌握一些四则混合运算的简算技巧,能解决一些简单的实际问题。

★学习指导

在四则混合运算的学习中要抓住以下三点:

1.运用数学术语读题和口述运算顺序。

2.掌握四则混合运算的解题步骤,提高计算的正确率和速度。

3.结合学习者易出现的错误,进行有针对性的训练。

在前面的学习中,我们已经认识了加减混合运算和乘除混合运算,如果一道算式中既有加、减法,又有乘、除法,这样的运算就是四则混合运算。

★活动案例

买车票

★知识卡片

四则运算的运算顺序

王明的问题，我们可以列成 50−18×2 的算式来计算。像这样既有加、减法，又有乘、除法的运算就是四则混合运算。

在四则混合运算里，如果没有括号，要先算乘、除法，后算加、减法；如果有括号，要先算括号里面的，后算括号外面的。

王明的问题是这样算的：

$$50-18\times2$$
$$=50-36$$
$$=14(元)$$

再如：

$$125+75\div3-40$$
$$=125+25-40$$
$$=150-40$$
$$=110$$

$$28\times2+48\div6$$
$$=56+8$$
$$=64$$

$40\times(\underline{15-10})$

$=40\times5$

$=200$

$72\div(\underline{16+8})$

$=72\div24$

$=3$

运 算 律

1.交换律

加法的交换律：两个数相加，交换加数的位置，和不变。

用字母表示：$a+b=b+a$；例如：$5+6=6+5$

乘法的交换律：两个数相乘，交换因数的位置，积不变。

用字母表示：$a\times b=b\times a$； 例如：$5\times6=6\times5$

2.结合律

加法的结合律：三个数相加，先把前两个数相加，再加上第三个数；或者先把后两个数相加，再与第一个数相加，和不变。

用字母表示：$a+b+c=a+(b+c)$； 例如：$5+6+4=5+(6+4)$

乘法的结合律：三个数相乘，先把前两个数相乘，再乘第三个数；或者先把后两个数相乘，再与第一个数相乘，积不变。

用字母表示：$a\times b\times c=a\times(b\times c)$； 例如：$7\times6\times5=7\times(6\times5)$

3.分配律

一个数与两个数的和相乘，等于这个数分别与两个加数相乘，再把积相加。

用字母表示：$a\times(b+c)=a\times b+a\times c$ 或者 $(a+b)\times c=a\times c+b\times c$

例如：$5\times(6+4)=5\times6+5\times4$ 或者 $(6+4)\times5=6\times5+4\times5$

★教你一招

四则混合运算中的一些简便计算技巧

学会简便计算的方法，能帮助我们更好地解决生产和生活中的问题。

例如：在计算 25×19+25 时，还可以这样计算：

25×19+25
=25×(19+1)
=500

可以这样想：25 乘 19 再加 25，就是 19 个 25 再加上 1 个 25，也就是 20 个 25，等于 500。

再如：在计算 56×101−56 时，还可以这样计算：

56×101−56
=56×(101−1)
=5600

可以这样想：56 乘 101 再减去 56，就是 101 个 56 再减去 1 个 56，也就是 100 个 56，等于5600。

练一练

一、从县城到省城的距离是280公里。王永从县城坐汽车去省城，汽车每小时行驶80公里，3小时后他离省城还有多少公里呢？

二、李兵在城里打工10个月，挣了9700元。扣除每个月的伙食费150元，还能剩多少钱？

三、我家今年在农业方面的收入是7140元，小卖部每个月收入900元，我家今年在农业和小卖部里一共收入多少元？

模块四 计算器

本模块分“认识计算器”、“用计算器计算”、“计算器在生活中的应用”3个主题。计算器是现代社会中必不可少的计算工具，在现实生活中应用广泛，但学习者对计算器有不同的理解。面对这个实际情况，应找准学习的起点，结合学习者的生活实际，在解决问题的过程中体验计算器的使用方法，逐步熟悉计算器的使用，提高用计算器解决生活中较复杂计算问题的能力。

主题1　认识计算器

★学习目标

1.认识计算器上的基本符号,并理解其意义。

2.了解计算器工作的基本过程,掌握计算器的使用方法。

3.了解计算工具的发展演变,感受古代劳动人民的聪明才智。

★学习指导

1.可以通过让学习者回顾计算器在日常生活中的应用,激发学习计算器的兴趣。

2.这部分内容的学习,可以根据学习者的实际情况,采用灵活的方法。如:学习者介绍使用经验,同伴和教师适当补充等。重点是学习常用运算键、数字键、开关/清除键、修正键等的使用方法。

现代生活离不开计算器。有了计算器,生活中复杂的运算,只要轻轻点击按键,结果就会显示在屏幕上,既准又快。

★活动案例

王大伯卖粮

★知识卡片

下面就让我们一起来认识一下计算器吧！

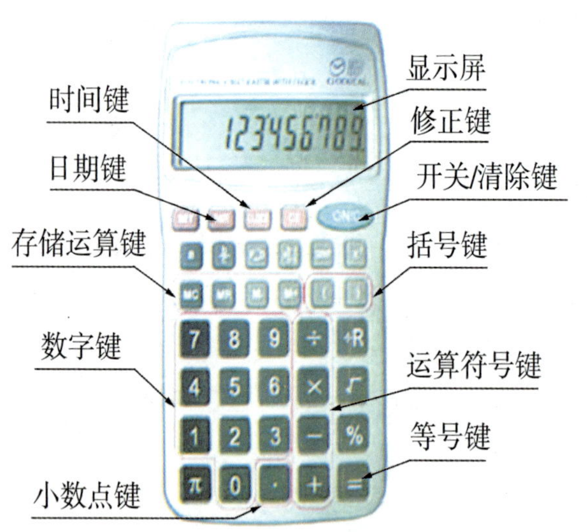

左面是一个常见的电子计算器。

自己动手在计算器中输入下面的数字：

123456789　987654321　123123123　336339

★知识链接

最早的计算工具的诞生地是中国。明代时的珠算盘与现代的珠算盘几乎相同。

★教你一招

计算器还有一些功能键，可以帮助我们解决许多问题。

如：CE 键（有的计算器上是 C 键）又叫“改错键”，如果你在计算“132+564”时，不小心把“564”按成了“565”，只需要进行如下操作：1 3 2 + 5 6 5 CE 5 6 4 = →696，而不需要全部清除后再重按。

还有一些键，如 M+ 、M− 等，你能通过查阅说明书或其他途径了解它们的功能吗？

练一练

向你的邻居讲一讲计算器的使用方法，并相互任意报数，练习数字输入。

主题2 用计算器计算

★学习目标

1.能用计算器进行整数加、减、乘、除的计算。

2.通过操作，熟练掌握运算键、数字键、开关、清除键等的使用方法，感受计算器的作用和优势。

★学习指导

这部分知识的学习，要重视实际操作。通过操作，掌握用计算器进行整数计算的方法，学会使用计算器。

我们经常会在生活中遇到较大数的计算，如果使用计算器进行计算，就很方便。

★活动案例

王大伯的高兴事

★知识卡片

在生活中如果遇到较大数的计算，我们可以用计算器。

下面我们一起来学习用计算器计算。

例如：386+179=______

步骤：

1.先按开机键

2.依次按数字键“3”、“8”、“6”

3.按“+”键

4.再依次按数字键“1”、“7”、“9”

5.按“=”键显示结果

按键	386	+	179	=
屏幕显示	386	386	179	565

例如：825−138=______

步骤：

1.先按开机键

2.依次按数字键“8”、“2”、“5”

3.按“−”键

4.再依次按数字键“1”、“3”、“8”

5.按“=”键显示结果

按键	825	−	138	=
屏幕显示	825	825	138	687

例如：18×30=______

步骤：

1.先按开机键

2.依次按数字键“1”、“8”

3.按“×”键

4.再依次按数字键“3”、“0”

5.按“=”键显示结果

按　　键	1 8	×	3 0	=
屏幕显示	18	18	30	540

例如：312÷8=______

步骤：

1.先按开机键

2.依次按数字键“3”、“1”、“2”

3.按“÷”键

4.再依次按数字键“8”

5.按“=”键显示结果

按　　键	3 1 2	÷	8	=
屏幕显示	312	312	8	39

★知识链接

先用计算器算出前四题的得数，再直接填出后两题横线上的数。

1×1=

11×11=

111×111=

1111×1111=

11111×11111=______

______×______=______

你有什么发现?

用计算器计算四则混合运算

例如:用计算器计算 30000−165×82。

按　键	显　示
1 6 5	165.
×	165.
8 2	82.
=	13530.
ON/AC	0.
3 0 0 0 0	30000.
−	30000.
1 3 5 3 0	13530.
=	(　　)

30000−165×82

=30000−______

=______

练一练

向你的邻居讲一讲计算器的使用方法，并教会他们用计算器计算下面菜单上的总钱数。

主题3 计算器在生活中的应用

★学习目标

进一步体验用计算器进行计算的方便与快捷，培养对数学学习的兴趣。借助计算器解决生活中的数学问题,感受计算器在人们生活和工作中的价值。

★学习指导

在生活中处处需要使用计算器计算,特别在购买商品时，需要合计这些商品共多少钱，售货员应找回多少钱……学会了使用计算器,这些问题就难不倒我们了。

在生活中，我们还会遇到关于小数计算的问题,借助计算器进行小数计算,会很便利。

★活动案例

张大伯花了多少钱？

我们要买一袋盐、四节电池、一瓶酱油，一个书包、两块香皂。

老伴,你会用计算器计算吗?

商品名称	数 量	单价/元	金额/元
盐	1袋	0.89	0.89
电池	4节	6.00	24.00
酱油	1瓶	1.40	1.40
书包	1个	44.70	44.70
香皂	2块	3.00	6.00

★知识卡片

1.在计算器上如何输入小数

怎样在计算器上输入小数“0.89”呢？

按照 0 . 8 9 的次序按键，或者先按 . 再按 8 9 ，就显示 0.89 了。

2.用计算器计算小数加、减、乘、除

用计算器计算小数加、减、乘、除和整数的方法是一样的，例如：

计算：0.89+24.00+1.4+44.70+6.00

按键	显示
0 . 8 9	**0.89**
+	**0.89**
2 4 . 0 0	**24.00**
+	**24.89**
1 . 4	**1.4**
+	**26.29**
4 4 . 7 0	**44.70**
+	**70.99**
6 . 0 0	**6.00**
=	**76.99**

自己动手试一试。

100−9.5−36.8−11.7=　　　　31.2÷4×6=

有趣的“142857”

试着用计算器算一算下面的题目。

1÷7=0.142857142857 ……　　2÷7=0.285714285714……

3÷7=　　4÷7=

5÷7=　　6÷7=

你有什么有趣的发现？

★教你一招

根据小数末尾添上“0”去掉“0”，小数大小不变这一性质，在用计算器进行小数计算时，小数末尾的“0”可以不输。

如 0.80，只需输入 0 . 8，就可以了。

练一练

一、用计算器计算。

巧克力：25.5 元

麦片：9.25 元

饼干：15.48 元

1.一盒巧克力比一袋麦片贵多少元？

2.一盒饼干比一盒巧克力便宜多少元？

3.买一盒巧克力和一盒饼干一共要多少元？

二、张大伯要量一下自家水塘的深度，用一根3.7米长的竹竿垂直插入水池中，竹竿插入泥中的部分是0.4米，露出水面的部分是0.8米。

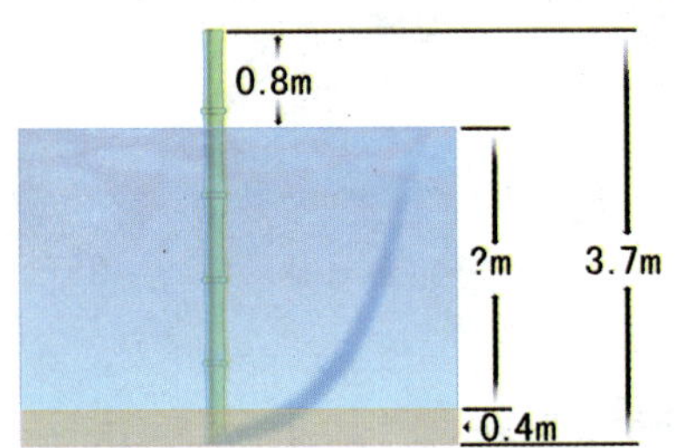

池水深多少米？

模块五 计量工具

本模块分“长度”、“质量”、“面积”、“体积和容积”、“时间”和“计量仪表”6个主题。目的是了解常用计量工具的用途，简单技术性计算的意义与用途。学习这些知识一定要结合实例体会计量工具的单位大小，在实际使用中了解计量工具的用途；在解决实际问题的情景中了解简单技术性计算的意义与用途，并能将学到的知识运用到自己的生活和生产中，提高解决生活、生产中与计量工具有关的实际问题的能力。

主题1 长度

★学习目标

1.认识常用的测量长度的工具和长度单位。

2.会进行简单的长度单位换算,会恰当地选择长度单位。

★学习指导

在实际测量活动中认识长度单位，结合实例学习长度单位换算;通过设计符合当地实际的事例学习应用。

在测量长度时,一开始人们用身体的某一部分,如一拃(zhǎ)、一步来测量。后来发明了一些简单的工具,统一了测量的标准。现在又有了各种各样的尺子,测量更方便了。

★活动案例

裤子怎么肥了

★知识卡片

用不统一的长度单位测量，会出现很多问题。下面介绍一些有关长度的知识。

尺子是测量长度的工具，下面是我们常见的一些尺子。

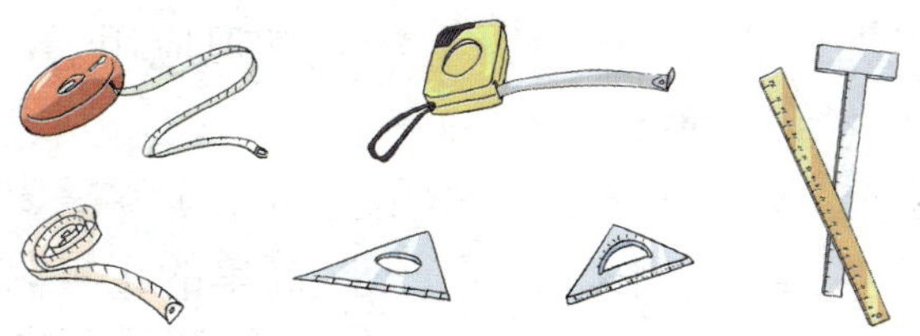

测量比较短的物体的长度，可以用厘米作单位。厘米可以用字母cm表示。

食指  的宽大约是1厘米。

图钉  的长大约是1厘米。

测量比较长的物体的长度，常用米作单位。米可以用字母m表示。

一个成年人一步的距离大约是1米。

1 米=100 厘米

一般在测量土地的长或宽时用米作单位。

在米和厘米之间的长度单位还有分米，用字母 dm 表示。

1 米=10 分米

下面直尺的长度就是1分米。

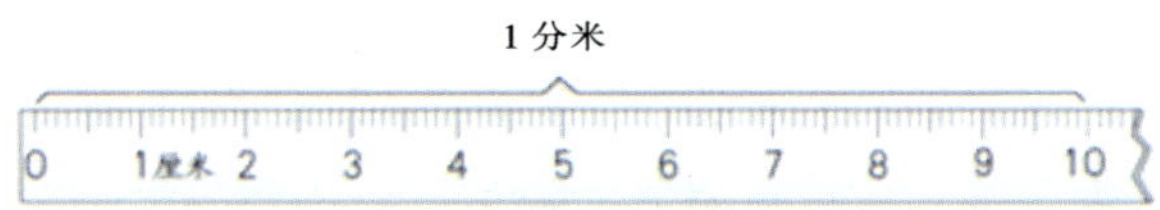

1 分米=10 厘米

比厘米小的长度单位还有毫米，用字母mm 表示。

1 厘米=10 毫米

还有比米长的长度单位，比如千米。千米就是我们平时说的公里，用来测量比较长的距离。例如，汽车每小时行驶的距离、两个城市之间的距离就用千米作单位。

1 千米=1 公里=1000 米(千米用字母 km 表示)

一个成年人走 1 千米大约需要 10 分钟左右。下面介绍一下千米和米的转化方法。

长度单位之间互化的方法：

如：3000 米=(　　)千米，因为 1 千米=1000 米，所以 3000 米=3 千米，用 3000÷1000 就可以了。

反之，将千米化成米，用千米数乘1000就行了。

如：5千米=(　　)米　　　　5×1000=5000(米)

同样，米化成厘米用米数乘100；厘米化成米，用厘米数除以100。

如：6米=600厘米　　　　500厘米=5米

★知识链接

我国传统的长度单位有里、丈、尺、寸等。

1里=500米　　　　2里=1公里(1000米)

1丈=10尺，1尺=10寸　　　　1丈≈3.33米

1尺≈3.33分米　　　　1寸≈3.33厘米

★教你一招

较长的物体怎么测量？

测量较长的物体或距离，应该用卷尺。

用卷尺测量较长的物体或距离

用卷尺测量物体的方法：在用卷尺测量物体的长度时，一定要从物体的一头开始，拿住卷尺一端，对齐要测量物体的另一端，卷尺要放平拉直，再看另一端在尺子的什么刻度上，这样才能测量出准确的长度。

练一练

一、李大妈要测量窗户上玻璃的长度，你觉得用什么单位合适？

张大爷要测量承包地的长和宽，你觉得用什么单位合适？

要表示合作到兰州的距离，你觉得用什么单位合适？

二、扫盲班杨老师给学员出了下列练习题，你会做吗？

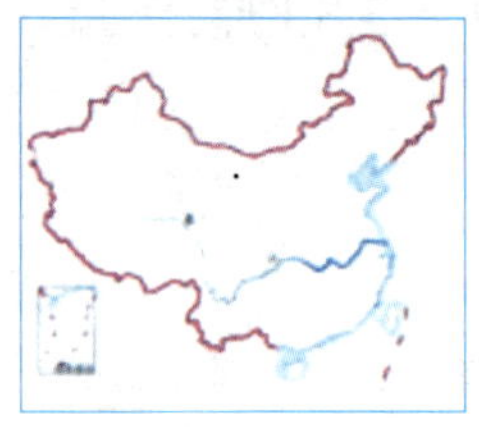

长江是我国第一长河、世界第三长河，长约6300(　　)。

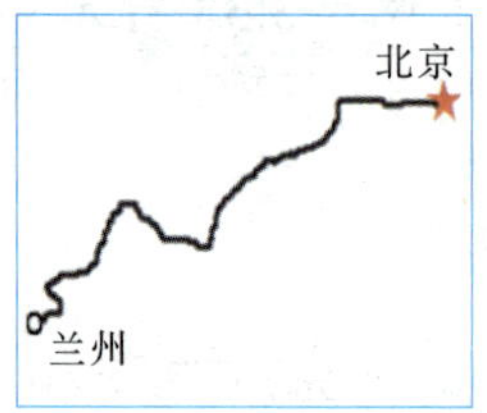

北京到兰州的铁路线约长1876(　　)。

三、王红的娘家就在本乡，与婆家相距的路程的数量是12，这里的路程单位应该是千米，还是米？

主题 2 质量

★学习目标

1.感受并认识质量单位克、千克、吨,了解用秤可以称物体的轻重。

2.掌握克、千克和吨之间的关系,并能进行简单的换算。

★学习指导

选取熟知的、感兴趣的素材来学习,加强对质量单位大小的体验;结合实例,注重培养计量工具的应用;结合实例,学习质量单位换算;通过设计符合当地实际的实例学习应用。

1 千克的棉花和 1 千克的铁,哪个更重一些呢?一样重,因为它们都是 1 千克。在日常生活中经常需要知道物体的轻重,需要了解测量物体质(重)量的工具。

★活动案例

1 斤杏子怎么这么多?

★知识卡片

常用的质(重)量单位有克和千克,千克就是我们平常说的公斤。

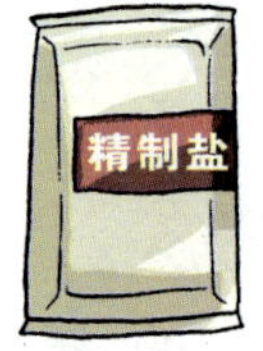

1 枚 2 分硬币约重 1 克。　　1 袋盐重 1 千克。

1 袋白砂糖重 500 克,2 袋白砂糖正好是 1 千克。

1 千克=1000 克

我经常见到用 g、kg、t 来表示质量，这些符号是什么意思？怎么知道一个物体到底有多重？

克可以用符号“g”表示,千克可以用符号“kg”表示。

要知道物品的轻重,可以用秤称。下面是一些常见的秤。

计量比较重的或大宗物品有多重，通常用吨作单位。吨可以用符号“t”表示。

每袋大米重 100 千克，10 袋这样的大米重 1000 千克。1000 千克就是 1 吨。

1 吨=1000 千克

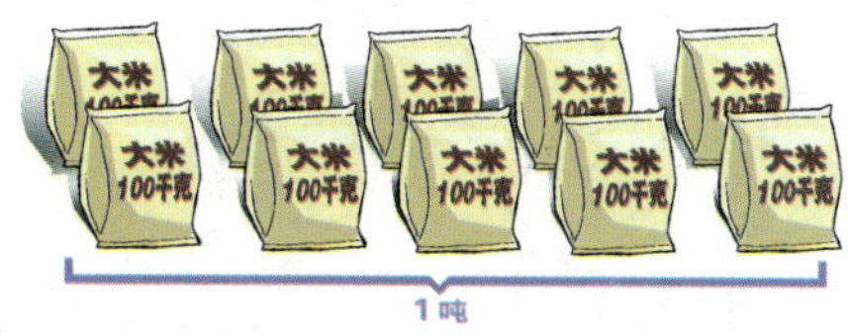

你能根据千米和米的互化，进行千克和吨的互化吗？

将吨化成千克，只需用吨数乘 1000即可。如 2 吨=2000 千克(2×1000=2000)。将千克化成吨，只需将千克数除以 1000 即可。如 3000 千克=3 吨(3000÷1000=3)。同样，将千克化成克只需将千克数乘 1000，如4 千克=4000 克(4×1000=4000)。将克化成千克，需将克数除以 1000，如8000 克=8 千克(8000÷1000=8)。

★知识链接

如何测量较重的物品？

如何称出一头大象的重量？我们可以用专门称重较大物品的计量工具，如地磅秤。

地磅秤有称5吨、10吨、15吨或更重的。要称大象的重量，可以将大象直接赶到地磅秤上，地磅秤会自动显示大象的重量。右面是几种称重较大物品的秤。

★教你一招

刘小海，1吨等于1000斤，对吗？

对，平常都这么说。

1吨等于多少斤？

如果你认为1吨等于1000斤，那就错了。我们平常说的1斤=500克，而1千克=1000克，所以1千克=2斤。

所以，1吨=1000千克=2000斤。

练一练

一、填空。

5 吨=(　　)千克　　6000 千克=(　　)吨

9 千克=(　　)克　　7000 克=(　　)千克

二、到商店看看，哪些袋装食品是用“克”作单位的，各是多少克？哪些袋装食品是用“千克”作单位的，各是多少千克？

三、3 千克鸡蛋要 12 元，1 千克鸡蛋要多少钱？

四、这些水果能一次运走吗？

主题3 面积

★学习目标

1.结合实例认识面积的含义。

2.体会并认识面积单位,会进行简单的单位换算。

★学习指导

运用实例帮助学习者建立面积单位大小的概念；加强不同大小面积单位之间的比较,建立清晰的面积单位概念;在掌握长度单位换算的基础上,探索面积单位间的换算方法;重视估测,提高估测能力。

计算草地、菜地占地面积,铺地砖、刷房子都要用到面积单位。了解面积单位的有关知识,对解决生活中的一些问题很有帮助。

★活动案例

物体的表面或封闭图形的大小，就是它们的面积。常用的面积单位有平方米(用字母 m^2 表示)、平方分米(用字母 dm^2 表示)、平方厘米(用字母 cm^2 表示)。

边长是 1 厘米的正方形，面积是 1 平方厘米。

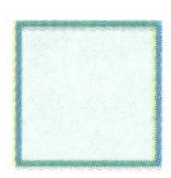

1 平方厘米

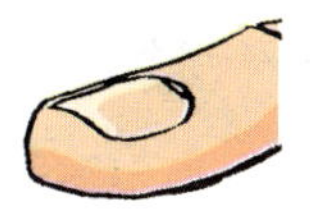

1 平方厘米跟指甲盖的面积差不多

下面的两个长方形都是由 1 平方厘米的正方形拼成的，它们的面积各是多少平方厘米？

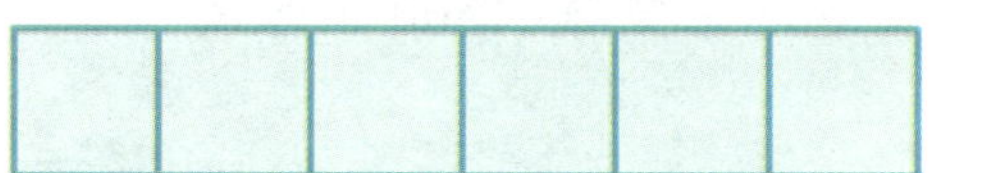

(　　)平方厘米　　　　(　　)平方厘米

度量稍大图形的面积，一般以边长为 1 分米的正方形作面积单位。边长为 1 分米的正方形面积是 1 平方分米。

边长为 1 米的正方形面积是 1 平方米。

100 个 1 平方分米就是 1 平方米。

1 平方米=100 平方分米

1 平方分米=100 平方厘米

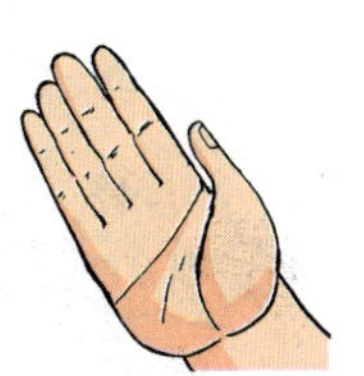

手掌的面积大约是 1 平方分米

下面给你介绍一些更大的面积单位。

测量土地的面积时，常常要用到更大的面积单位：公顷、平方千米。

边长是100米的正方形面积是1公顷。

边长是1千米的正方形面积是1平方千米。

1公顷=10000平方米

1平方千米=100公顷

一间会议室的面积约50平方米，200个这样的会议室，面积约1公顷。一亩地的面积约667平方米，1500亩地的面积约1平方千米。

★知识链接

一亩等于多少平方米

早在两千多年前，我国劳动人民就会计算土地的面积。当时用亩作单位。先用走步量出长方形土地的长和宽的步数（1步=5尺），计算出它们的积，然后除以240，就得亩数。

亩是中国市制土地面积单位，一亩等于六十平方丈，大约666.67平方米。十五亩等于一公顷。

面积单位互化和质量单位互化有何不同？

道理相同，进率不同。

面积单位间的换算

1.平方米换算成平方分米：用平方米数乘 100。

如：2 平方米=(　　)平方分米

2×100=200(平方分米)　　2 平方米=200 平方分米

2.平方分米换算成平方米：用平方分米数除以 100。

如：300 平方分米=(　　)平方米

300÷100=3(平方米)　　300 平方分米=3 平方米

3.平方分米换算成平方厘米：用平方分米数乘 100。

如：5 平方分米=(　　)平方厘米

5×100=500(平方厘米)　　5 平方分米=500 平方厘米

4.平方厘米换算成平方分米：用平方厘米数除以 100。

如：600 平方厘米=(　　)平方分米

600÷100=6(平方分米)　　600 平方厘米=6 平方分米

5.平方千米换算成公顷：用平方千米数乘 100。

如：4 平方千米=(　　)公顷

4×100=400(公顷)　　4 平方千米=400 公顷

6.公顷换算成平方千米：用公顷数除以 100。

如：900 公顷=(　　)平方千米

900÷100=9(平方千米)　　900 公顷=9 平方千米

练一练

一、扫盲班杨老师给学员出了下列练习题，你会做吗？

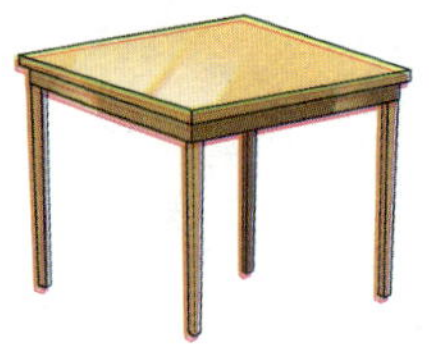

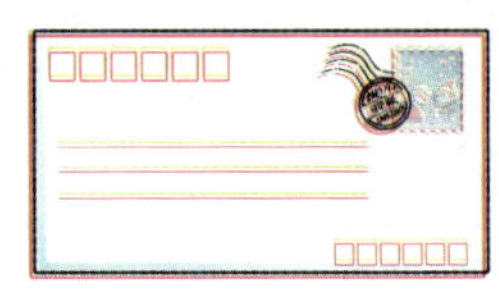

方桌面的面积大约是64(　　)。信封的面积大约是200(　　)。

操场的面积大约是3600(　　)。

天安门广场是世界上最大的广场，面积约40(　　　)。

兰州市的面积大约13271(　　　　)。

二、一张书桌，桌面面积是7200平方厘米，合多少平方分米？

三、你能解决扫盲班学员提出的下面几个问题吗？

主题 4 体积和容积

★学习目标

1. 了解体积(包括容积)的意义及度量单位,会进行单位之间的换算,感受 1 米^3、1 厘米^3,以及 1 升、1 毫升的实际意义。

2. 结合生活实际,解决与体积(或容积)有关的简单问题。

★学习指导

联系生活实际,结合具体实例认识体积单位;在了解体积单位进率的基础上探究体积单位之间的互化;在具体操作中,学习量杯等工具的使用。可结合具体的实际问题体会应用。

在不冷不热的季节,一个人除了吃进食物外,平均每天应喝 1400ml 左右的水。上面提到的 ml 是容积的单位,我们在生活中会处处用到有关体积和容积的知识,比如:喷雾器药箱能装多少升药液,奶牛一天能产多少升奶,等等。

★活动案例

哪一瓶水便宜

★知识卡片

体积和容积

物体所占空间的大小,叫做物体的体积。容器所能容纳物体的体积叫做这个容器的容积。

计量体积要用体积单位,常用的体积单位有立方厘米、立方分米和立方米,可以写成 cm^3、dm^3 和 m^3。

大约是 1 cm^3。

棱长是1厘米的正方体,体积是1 cm^3。

一个手指尖的体积大约是1 cm^3。

棱长1分米的正方体，体积是1 dm^3。

一个粉笔盒的体积大约是1 dm^3。

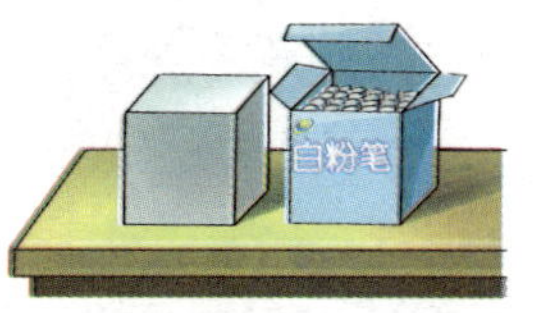

棱长1米的正方体，体积是1 m^3，想一想，1 m^3 的空间有多大？

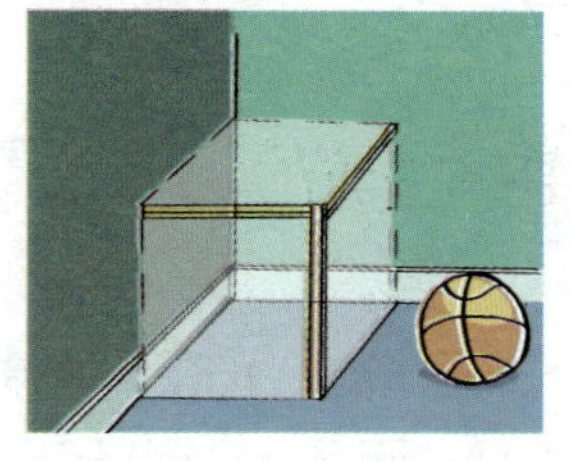

用3根1米长的木条做成一个三边互成直角的架子，放在墙角，看看1立方米的空间有多大。

立方米也可以用“方”来表示。

1立方米=1方

右图是一个棱长为1分米的正方体，体积是1立方分米。想一想，它的体积是多少立方厘米？

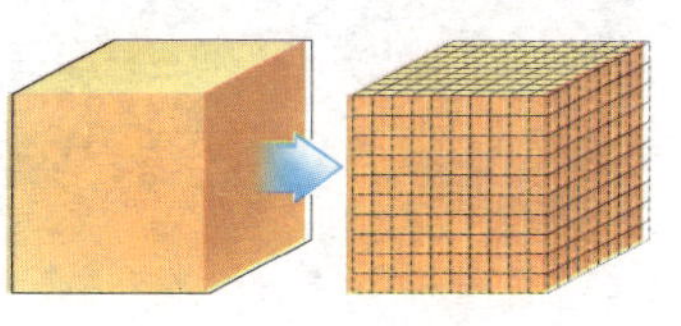

$10\times10\times10=1000(cm^3)$

$1dm^3=1000cm^3$

仿照上面的方法，你能推算出1立方米等于多少立方分米吗

$1m^3=$________ dm^3

计量液体的体积，如水、油等，常用容积单位升和毫升，也可以写作L和ml。容积是1立方分米的容器，所装的水正好是1升。

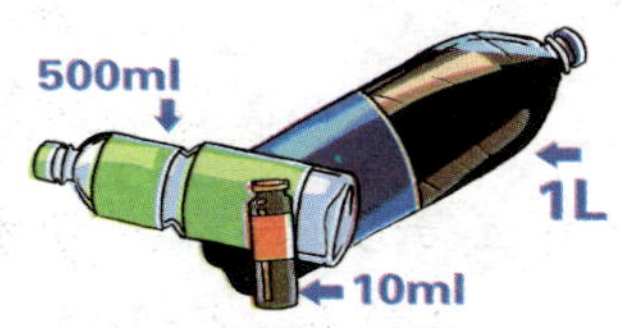

1升=1000毫升　　1毫升=1立方厘米

★知识链接

体积单位的换算

立方米换算成立方分米：用立方米数乘 1000。

如：2 立方米=(　　)立方分米

2×1000=2000(立方分米)

2 立方米=2000 立方分米

立方分米换算成立方米：用立方分米数除以 1000。

如：3000 立方分米=(　　)立方米

3000÷1000=3(立方米)

3000 立方分米=3 立方米

立方分米换算成立方厘米：用立方分米数乘 1000。

立方厘米换算成立方分米：用立方厘米数除以 1000。

1 立方厘米=1 毫升，1 立方分米=1 升，升与毫升的换算方法与立方分米与立方厘米的换算方法相同。

★教你一招

同体积的油和水谁重

同体积的油和水，水重。这里牵扯到密度这个概念。怎么

理解密度，其实很简单。木头放到水里，浮在水面，说明木头密度小，水的密度大；石头放在水里沉下去，说明石头的密度大，水的密度小。

平常我们见到油倒入水中，油浮在水面，说明油的密度小于水，所以同体积的油和水相比，水重。

练一练

一、你能解决扫盲班学员提出的下面几个问题吗？

二、两个体积一样大的盒子，它们的容积一样大吗？为什么？

三、一个人一般每天要喝 8 杯水，每杯水是 175 毫升，8 杯水是多少毫升？

四、一大桶矿泉水相当于多少瓶这样的小矿泉水？

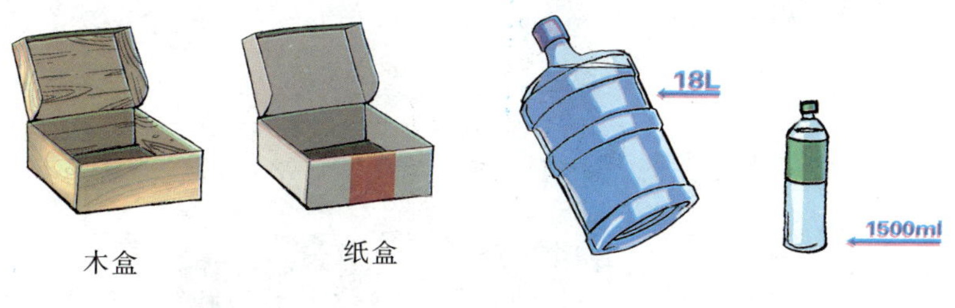

木盒　纸盒

二题图　四题图

主题5 时间

★学习目标

1.看懂钟表并读出时间,掌握校对钟表时间的技能。

2.了解年、月、日,并初步掌握有关年、月、日的知识。

★学习指导

充分发挥钟表模型、教具的作用,结合当地实际理解二十四节气歌和谚语表达的意思,以便于指导实际工作;通过生活中的具体事例,体会数学知识与生活实际的密切联系。

在古代,原始人白天到外面去打猎,晚上回到居住的山洞里休息。他们只知道用“日”和“夜”来表示时间。

后来,人们利用测太阳影子的方法来确定时间。人们也利用滴水或漏沙的方法来计算时间。再后来,人们发明了钟表,计时就越来越准确了。

★活动案例

7点为什么没接到人

认识时间及24时计时法

认识时间必须认识钟表。

钟面上有12个大格，每个大格里有5个小格，钟面上共有60个小格。

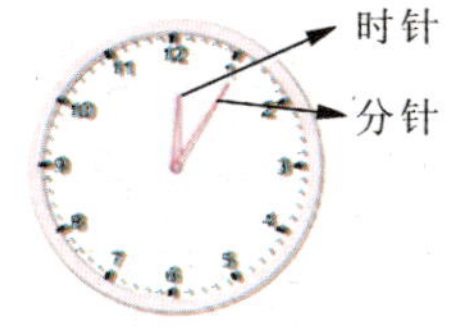

时针走一大格是1小时，分针走一小格是1分。

时针走1大格，分针正好走1圈。

1时=60分

认识时刻：认识钟面上的时刻，先看时针，后看分针。

8时零5分
记作：8:05

3时55分
记作：3:55

24时计时法：一天有24时，在一天里，时针正好走2圈。午夜12时称为0时，午夜1时到中午12时分别记为1至12时。下午1时记为13时，依此类推。

上午9时用9时表示，晚上9时用21时表示。

2011年 农历 辛卯年 【兔年】

日	一	二	三	四	五	六
						1 元旦
2 廿八	3 廿九	4 12月大	5 初二	6 小寒	7 初四	8 初五
9 初六	10 初七	11 腊八节	12 初九	13 初十	14 十一	15 十二
16 十三	17 十四	18 十五	19 十六	20 大寒	21 十八	22 十九
23 二十	24 廿一	25 廿二	26 小年	27 廿四	28 廿五	29 廿六
30 廿七	31 廿八					

日	一	二	三	四	五	六
		1 廿九	2 除夕	3 春节	4 立春	5 初三
6 初四	7 初五	8 初六	9 初七	10 初八	11 初九	12 初十
13 十一	14 情人节	15 十三	16 十四	17 元宵节	18 十六	19 雨水
20 十八	21 十九	22 二十	23 廿一	24 廿二	25 廿三	26 廿四
27 廿五	28 廿六					

日	一	二	三	四	五	六
		1 廿七	2 廿八	3 廿九	4 三十	5 2月小
6 惊蛰	7 初三	8 妇女节	9 初五	10 初六	11 初七	12 植树节
13 初九	14 初十	15 十一	16 十二	17 十三	18 十四	19 十五
20 十六	21 春分	22 十八	23 十九	24 二十	25 廿一	26 廿二
27 廿三	28 廿四	29 廿五	30 廿六	31 廿七		

日	一	二	三	四	五	六
					1 廿八	2 廿九
3 3月大	4 初二	5 清明	6 初四	7 初五	8 初六	9 初七
10 初八	11 初九	12 初十	13 十一	14 十二	15 十三	16 十四
17 十五	18 十六	19 十七	20 谷雨	21 十九	22 二十	23 廿一
24 廿二	25 廿三	26 廿四	27 廿五	28 廿六	29 廿七	30 廿八

日	一	二	三	四	五	六
1 劳动节	2 三十	3 4月大	4 青年节	5 初三	6 立夏	7 初五
8 母亲节	9 初七	10 初八	11 初九	12 初十	13 十一	14 十二
15 十三	16 十四	17 十五	18 十六	19 十七	20 十八	21 小满
22 二十	23 廿一	24 廿二	25 廿三	26 廿四	27 廿五	28 廿六
29 廿七	30 廿八	31 廿九				

日	一	二	三	四	五	六
			1 儿童节	2 5月小	3 初二	4 初三
5 初四	6 端午节	7 初六	8 初七	9 初八	10 初九	11 初十
12 十一	13 十二	14 十三	15 十四	16 十五	17 十六	18 十七
19 父亲节	20 十九	21 二十	22 夏至	23 廿二	24 廿三	25 廿四
26 廿五	27 廿六	28 廿七	29 廿八	30 廿九		

7

日	一	二	三	四	五	六
					1 建党节	2 初二
3 初三	4 初四	5 初五	6 初六	7 小暑	8 初八	9 初九
10 初十	11 十一	12 十二	13 十三	14 十四	15 十五	16 十六
17 十七	18 十八	19 十九	20 二十	21 廿一	22 廿二	23 大暑
24 廿四	25 廿五	26 廿六	27 廿七	28 廿八	29 廿九	30 三十
31 7月小						

8

日	一	二	三	四	五	六
	1 建军节	2 初三	3 初四	4 初五	5 初六	6 七夕
7 初八	8 立秋	9 初十	10 十一	11 十二	12 十三	13 十四
14 十五	15 十六	16 十七	17 十八	18 十九	19 二十	20 廿一
21 廿二	22 廿三	23 处暑	24 廿五	25 廿六	26 廿七	27 廿八
28 廿九	29 8月小	30 初二	31 初三			

9

日	一	二	三	四	五	六
				1 初四	2 初五	3 初六
4 初七	5 初八	6 初九	7 初十	8 白露	9 十二	10 教师节
11 十四	12 中秋节	13 十六	14 十七	15 十八	16 十九	17 二十
18 廿一	19 廿二	20 廿三	21 廿四	22 廿五	23 秋分	24 廿七
25 廿八	26 廿九	27 9月大	28 初二	29 初三	30 初四	

10

日	一	二	三	四	五	六
						1 国庆节
2 初六	3 初七	4 初八	5 重阳节	6 初十	7 十一	8 寒露
9 十三	10 十四	11 十五	12 十六	13 十七	14 十八	15 十九
16 二十	17 廿一	18 廿二	19 廿三	20 廿四	21 廿五	22 廿六
23 廿七	24 霜降	25 廿九	26 三十	27 10月小	28 初二	29 初三
30 初四	31 初五					

11

日	一	二	三	四	五	六
		1 初六	2 初七	3 初八	4 初九	5 初十
6 十一	7 十二	8 立冬	9 十四	10 十五	11 十六	12 十七
13 十八	14 十九	15 二十	16 廿一	17 廿二	18 廿三	19 廿四
20 廿五	21 廿六	22 廿七	23 小雪	24 感恩节	25 11月大	26 初二
27 初三	28 初四	29 初五	30 初六			

12

日	一	二	三	四	五	六
				1 初七	2 初八	3 初九
4 初十	5 十一	6 十二	7 大雪	8 十四	9 十五	10 十六
11 十七	12 十八	13 十九	14 二十	15 廿一	16 廿二	17 廿三
18 廿四	19 廿五	20 廿六	21 廿七	22 冬至	23 廿九	24 平安夜
25 圣诞节	26 初二	27 初三	28 初四	29 初五	30 初六	31 初七

从 2011 年的年历中你发现了什么？

★知识链接

年、月、日

一年有 12 个月，有 31 天的月份是大月，有 30 天的月份是小月。一、三、五、七、八、十、十二月是大月，四、六、九、十一月是小月。平年的二月是 28 天，闰年的二月是 29 天。公历年份是 4 的倍数的年份一般是闰年；但公历年份是整百数的，必须是 400 的倍数才是闰年。如 1900 年不是闰年，而 2000 年是闰年。

★教你一招

1.二十四节气歌

春雨惊春清谷天，夏满芒夏暑相连；
秋处露秋寒霜降，冬雪雪冬小大寒；
每月两节不变更，最多相差一两天；
上半年来六廿一*，下半年是八廿三*。

注：六廿一指的是阳历的 6 号和 21 号；八廿三指的是阳历的 8 号和 23 号。

2.二十四节气谚语

种田无定例，全靠看节气。立春阳气转，雨水沿河边。
惊蛰乌鸦叫，春分滴水干。清明忙种粟，谷雨种大田。
立夏鹅毛住，小满雀来全。芒种大家乐，夏至不着棉。
小暑不算热，大暑在伏天。立秋忙打垫，处暑动刀镰。
白露快割地，秋分无生田。寒露不算冷，霜降变了天。
立冬先封地，小雪河封严。大雪交冬月，冬至数九天。
小寒忙买办，大寒要过年。

练一练

一、15:00是下午几时？用24时计时法表示晚上11时30分是______时______分。

二、我们平常说四年一闰，下面哪些年份是闰年？

1982年　　1999年　　2003年　　2008年

三、1.春风饭店晚餐的营业时间是从下午__________到晚上__________。

2.一天共营业多长时间？

四、下面是张大爷记录的几种农作物播种和收割的时间表，每种农作物的生长期各是多少天？

种类	播种日期	收割日期	生长期
水稻	5月5日	10月16日	(　　)天
玉米	6月12日	9月28日	(　　)天
大豆	6月5日	10月25日	(　　)天

五、王大妈去外地看儿子，早晨10时坐火车，晚上7时到达。王大妈在火车上坐了多少个小时？

主题6 计量仪表

★学习目标

1.了解温度计、电表、水表、气表。

2. 掌握温度计、电表、水表、气表的使用方法,并能在生活中正确使用。

★学习指导

结合生活实际了解温度计、电表、水表、气表的使用方法,培养安全用电、安全用气、节约用水的意识。

每个家庭都用水、用电，有的家庭还使用天然气、煤气,可是,很多人对电表、水表及气表如何读数却缺乏了解,甚至连温度计都不会用。学会温度计、电表、水表、气表等这些仪表的使用方法对我们的生活会有很大的帮助。

★活动案例 儿子的体温是多少?

1.体温计

市面上销售的体温计按材料一般分为：

玻璃水银体温计：

这是最常见的体温计，可以根据人体的不同部位测量体温。

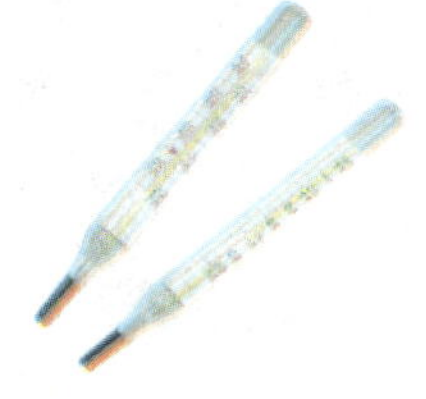

肛温计(身圆头粗)

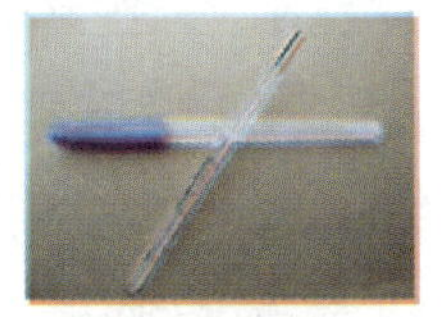

腋温计(身扁头细)

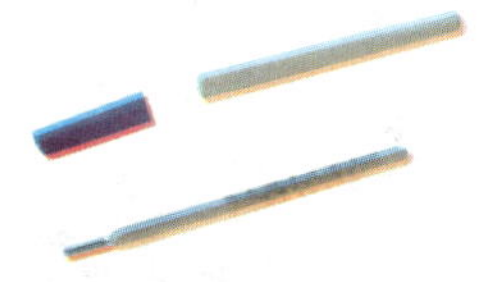

口温计(身圆头细)

这种体温计测量的体温相对比较准确，但由于刻度过细，读数不容易，同时玻璃制品容易破碎。

电子数字显示体温计：

近年来逐渐被广泛使用的新产品，是一种以数字显示的体温计，避免了玻璃水银温度计不易读数的缺陷。

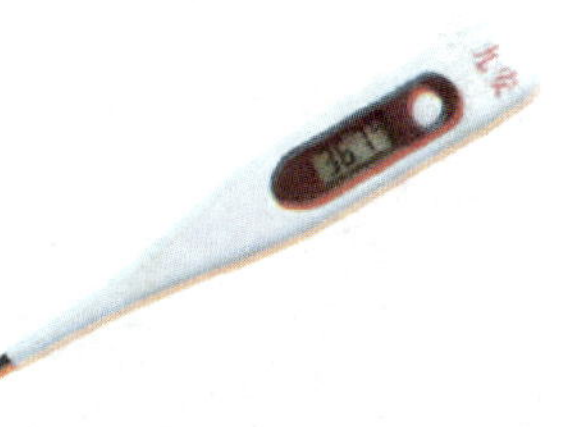

电子体温计的形状只有一种，可以同时用来测量肛温、腋温或口温。

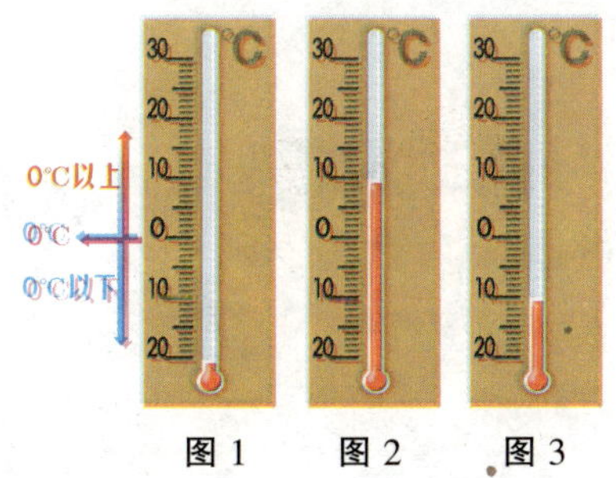

图1　图2　图3

2.温度计的认识

温度计玻璃中的水银高度在哪个刻度，说明这时的温度就是多少度。温度计上的刻度以0作为分界线，0以上表示温度在0℃以上，就是我们平常说的零上多少度，如图2表示10℃(0上10度);0以下表示温度在0℃以下,就是我们平常说的零下多少度,这时水已经结冰。如图3表示:-10℃(表示0下10度);

3.水表的认识

家用水表有两种:一种是指针式。表盘上有四枚黑指针，分别为×1,×10,×100,×1000吨位挡,四枚红指针分别为×0.1,×0.01,×0.001,×0.0001及一枚梅花形指针组成，用户抄表读数时只读取四枚黑针,其他指针只作为水表检验时使用。

另一种水表是跳字式。其表盘有五位跳字、三枚红指针和一枚梅花指针组成，跳字表盘为四个黑字和一个红字组成。

跳字式水表在抄表读数时只需要读取四位黑字，其他指针只作为水表检验时使用。

计算用水量时，只需用本次读取的数字减去前一次读取的数字,就是两次抄表期间的用水量。

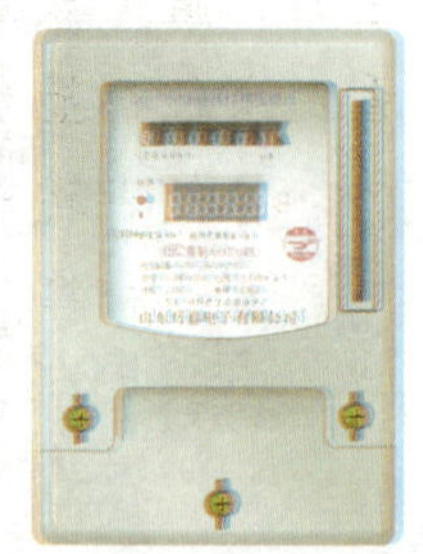

4.电表的认识

家用电度表是用来记录家庭用电设备消耗的电能。我们可以通过看电表上的数字,知道自己家用了多少度电,养成节约用电的习惯。

一般家用电表的读数有4位或5位,最后一位是小数,有的是白色或红色。看电表时,面对电表右边第一位数不算,就看前面的读数。用这个月电表上的数字减去上个月电表上的数字,就是这个月的用电度数。

如电表上个月的数字是200,这个月电表的数字是300。300-200=100,说明这个月用了100度电。

5.气表的认识

随着社会的发展,燃气进入了许多家庭。家庭的燃气使用量是用燃气表进行计量的。

一般气表上有两排数字,上排是机械表的数字,用气量是由少到多累加的。表中黑底白字是表示用气的立方米数,红底白字表示零点几立方米,准确到小数后三位。如:黑底白字为13,红底白字为156,读数则为13.156立方米。“本月抄表数”减“上月抄表数”的差,就是这个月的用气量。这个月的用气量乘以每立方米气的价格就是本月用气费用。

下排数字是电子表,充值的气量和剩余的气量一目了然,它的计量方式是由多到少递减的。若想知道剩多少气,只需查看剩余气量显示的数字即可,非常方便。

若气表运转正常,机械表和电子表计算出来的煤气用量应该大致相等。

★知识链接

用体温计测量人体温度

体温计是用来测量人体温度的，是确定是否发烧的一个重要手段。一般测量体温采用腋下、口腔。有时候也采用从肛门测直肠温度。人体温度正常值在 36 度到 37.2 度之内，超过 37.2 度就可以认为是在发热。

1.测体温前先将温度计度数甩到 35℃以下。将体温计置于腋下最顶端，水银端和腋下的皮肤紧密接触并夹紧，以免脱位或掉落。

2.测量 5~10 分钟。

3.取出体温计，读取温度数据。

★教你一招

老李，我今天考考你，你家上个月底我抄的水表数字是 5972，你把这个月底的水表数字抄下来，算算这个月用了多少吨水？

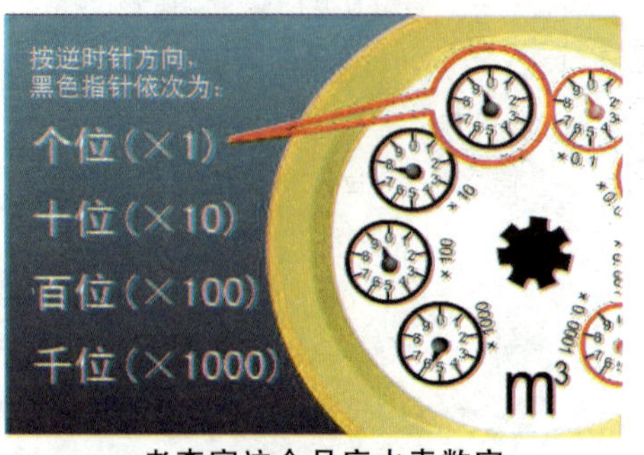

老李家这个月底水表数字

这个月的用水量是多少

查看水表时,从×1,×10,×100,×1000 开始看起,分别是个位,十位,百位,千位。每一挡逢小读,比如×10 挡的针在 3 的边上但没有到 3,则读 2,其他各挡相同。

老李家这个月底水表指针:

个位(×1)挡在 0 和 9 之间,读 9,表示 9 吨。

十位(×10)挡在 7 和 8 之间,读 7,表示 70 吨。

百位(×100)挡在 0 和 9 之间,读 9,表示 900 吨。

千位(×1000)挡在 5 和 6 之间,读 5,表示 5000 吨。

合计起来就是 5000+900+70+9=5979 吨。

因此,老李家这个月水表读数是 5979。用这个月的读数减去上个月的读数 5972 就是老李家这个月的用水量。

5979−5972=7(吨)

练一练

一、下面 5 个城市,哪个城市温度最高?哪个最低?

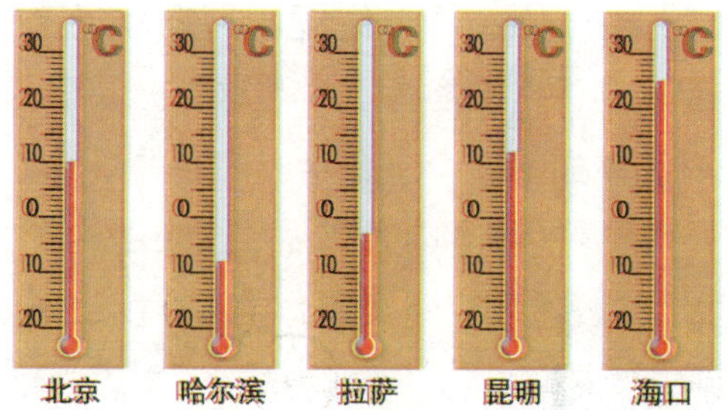

二、老王家上个月水表的读数是 1235,这个月水表的读数是 1238,老王家这个月用水多少吨?

三、老张家上个月充了 50 立方米的气,到这个月气表的下排数字显示是 42。老张家这个月用了多少"方"气?

模块六 家庭理财

本模块先通过学习“比”、“分数和百分数”、“百分率怎么用”3 个主题，为学习家庭理财打下基础，再通过“家庭记账”、“精打细算”、“贷款与储蓄”3 个主题学习家庭理财的基本知识，提升学习者家庭理财的能力。学习这部分知识，前 3 个主题是基础，只有在掌握前 3 个主题学习内容的基础上，学习者才能理解后 3 个主题的基本内容。后 3 个主题的学习要结合学习者的生活经验，通过实际案例，学习家庭理财的基本知识。

主题1 比

★学习目标

1.理解比的意义,学会比的读写法。

2.能运用比的意义解决简单的实际问题。

★学习指导

按比例分配问题，先要知道总量，然后看分量所占的份数,再看每个分量占总量的份数,最后求出各个分量。

生活中有许多现象,如:照片那么小却不改变人本身的形象;世界那么大,但在地图上就可以看到。这是为什么呢?这是因为放大或缩小的比例没有变。

★活动案例

李艳红腌菜

★知识卡片

生活中的两个数量之间的关系，可以用比来表示。

如：腌100公斤白菜放1公斤盐可以说成：白菜与盐的公斤数的比是100比1。

100比1记作100∶1，读作100比1。符号“∶”是比号。比号前面的数叫做比的前项，比号后面的数叫做比的后项。

例如：配制一种盐水，在100克水中放3克盐。

盐和水的质量比是3∶100；盐和盐水的质量比是3∶103。

两个数的比也表示两个数相除，比的前项除以后项所得的商叫做比值。

如：1∶2=1÷2=0.5　　0.5叫做1∶2的比值

★知识链接

你知道吗？

在绘制地图和其他平面图的时候，需要把实际距离按一定的比例缩小(或扩大)，再画在图纸上。这时，就要确定图上距离和相对应的实际距离的比。

一幅图的图上距离和实际距离的比，叫做这幅图的比例尺。

图上距离∶实际距离=比例尺

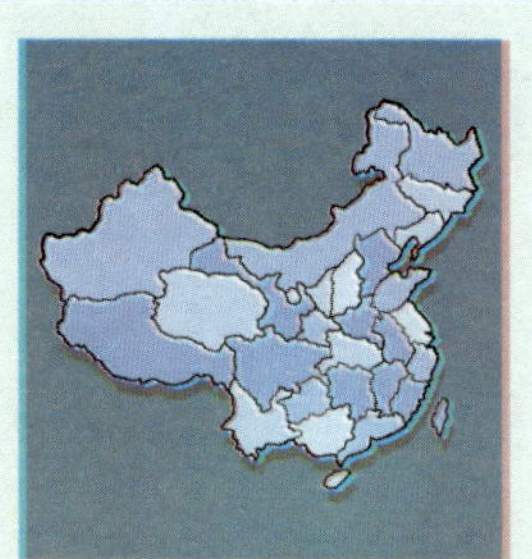

这是数值比例尺，有时写成$\frac{1}{100000000}$。

这是线段比例尺，表示地图上1厘米的距离相当于地面上50千米的实际距离。

★教你一招

解决按比例分配问题

方法：先求总份数，然后求一份的数量，最后求各部分量。

总份数：2+3+5=10

一份的吨数：20÷10=2（吨）

水泥的吨数：2×2=4（吨）

砂子的吨数：2×3=6（吨）

石子的吨数：2×5=10（吨）

答：要搅拌这样的混凝土20吨，需要水泥4吨、砂子6吨、石子10吨。

练一练

一、张大哥家有9亩地，按照2∶1的比例种黄瓜和茄子，黄瓜和茄子分别要种几亩？

二、一栋楼房东西方向长40米，在图纸上的长度是50厘米，这幅图纸的比例尺是多少？

三、一头牛和一只羊的价钱的比是10∶1，如果一只羊的价钱是400元，那么一头牛的价钱是多少元？

四、小花在县城开了一家饮料店，销售自己配制的饮料。她销售的一种橙汁饮料的成分是水、橙子粉和白砂糖，配方中水、橙子粉、白砂糖的比是15∶3∶2。如果要配制40斤这样的橙汁饮料，需要水、橙汁粉和白砂糖各多少斤？

主题2 分数和百分数

★学习目标

1.理解分数和百分数的意义，能够正确读、写分数和百分数。

2.能对生活中有关分数和百分数的信息做出合理解释。

★学习指导

1. 分数和百分数的意义是这部分内容的基础。只有理解了百分数的含义，才能正确地运用它解决百分率、折扣、纳税、利息等实际问题。

2.百分数和分数虽然在本质上是相同的，但在意义上还是有一定的区别。百分数表示两个数之间的关系，分数既可以表示一个具体的数，又可以表示两个数之间的关系。

在日常生活中，我们经常会看到这样的新闻："我国农村人口占总人口的68%"、"海洋占地球面积的70%"……这里出现的数就是百分数。

★活动案例

赵大妈遇到的问题

★知识卡片

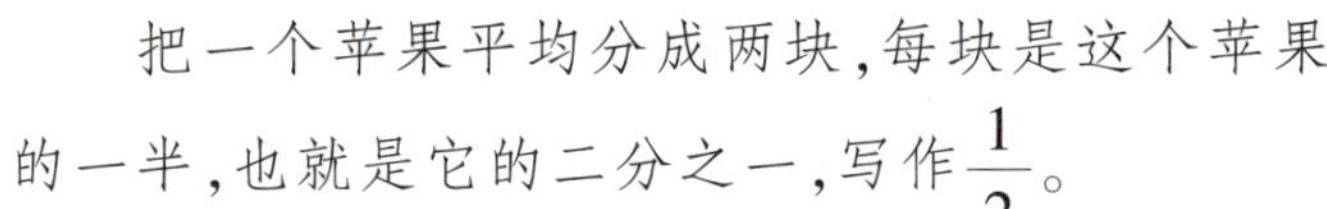

把一个苹果平均分成两块，每块是这个苹果的一半，也就是它的二分之一，写作$\frac{1}{2}$。

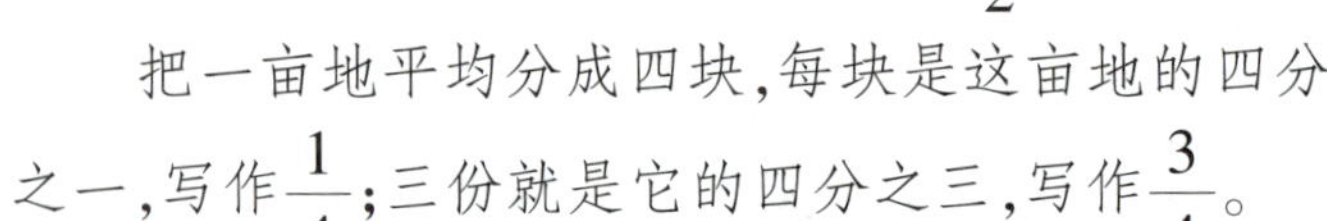

把一亩地平均分成四块，每块是这亩地的四分之一，写作$\frac{1}{4}$；三份就是它的四分之三，写作$\frac{3}{4}$。

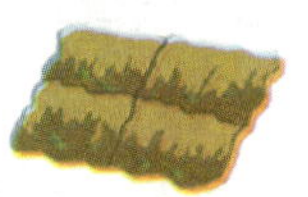

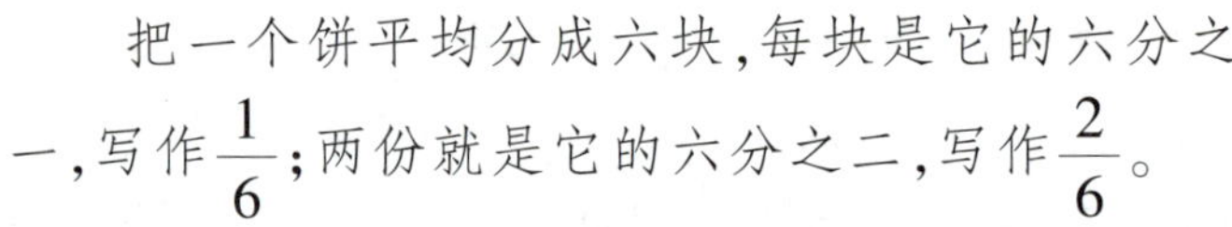

把一个饼平均分成六块，每块是它的六分之一，写作$\frac{1}{6}$；两份就是它的六分之二，写作$\frac{2}{6}$。

像$\frac{1}{2}$，$\frac{1}{4}$，$\frac{3}{4}$，$\frac{1}{6}$，$\frac{2}{6}$……这样的数都是分数。

3　……分子

—　……分数线　读作：四分之三

4　……分母

百分数表示一个数是另一个数的百分之几。百分数也叫百分率或百分比。

如：海洋占地球面积的70%，就是说海洋的面积占整个地球面积的$\frac{70}{100}$。

羊毛86%，就是说羊毛占毛线成分的$\frac{86}{100}$；羊绒14%，就是说羊绒占毛线成分的$\frac{14}{100}$。

百分数通常不写成分数的形式，而是在原来的分子后面加上百分号“%”来表示。例如：

百分之八十　　写作　80%

百分之七十二　　写作　72%

百分之一百零三点六　　写作　103.6%

★知识链接

分数的基本性质和运算

分数的分子和分母同乘或同除以一个不为零的数，分数的大小不变。

$\frac{6}{18}=\frac{6\times5}{18\times5}$　　$\frac{6}{18}=\frac{6\div3}{18\div3}$

同分母分数相加减，分母不变，分子相加减(异分母分数相加减时要先通分)。

$\frac{7}{9}+\frac{3}{9}=\frac{7+3}{9}$　　$\frac{9}{13}-\frac{4}{13}=\frac{9-4}{13}$

两个分数相乘，分子相乘的积做积的分子，分母相乘的积做积的分母。两个分数相除，除以一个数就等于乘这个数的倒数。

$\frac{7}{9}\times\frac{2}{5}=\frac{7\times2}{9\times5}=\frac{14}{45}$　　　　$\frac{7}{9}\div\frac{2}{5}=\frac{7}{9}\times\frac{5}{2}=\frac{7\times5}{9\times2}=\frac{35}{18}$

★教你一招

百分数与小数的互化

小数化成百分数时，把小数点向右移动两位，同时添上百分号。

例如：把 0.34、1.8、0.246 化成百分数。

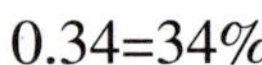

0.34=34%

1.8=180%

0.246=24.6%

0.037=3.7%

百分数化成小数时，去掉百分号，同时把小数点向左移动两位。

例如：把 50%、47%、125%化成小数。

50%=0.5　　　　47%=0.47　　　　125%=1.25

练一练

一、这是我们在生活中经常听到的百分数，你能写出来吗？

1.空气中约有百分之八十是氮气,氧气约占百分之二十。

2.感冒百分之九十左右由病毒引起,百分之十左右由细菌引起。

3. 2006 年甘肃农民人均生活消费支出为 1855.5 元，比上年增加35.9 元,增长百分之二点零。与 2002 年相比,增加 702.2 元,增长百分之六十点九,年均增长百分之十二点六。

二、根据图中的条件,解答问题。

三、扫盲班杨老师给学员出了下列练习题,你会做吗?

1.把下列小数化成百分数。

0.56=(　　)　　3.9=(　　)　　0.581=(　　)

2.把下列百分数化成小数。

15%=(　　)　　48.2%=(　　)　　0.06%=(　　)

主题3 百分率怎么用

★学习目标

1.理解生活中的百分率,学会求百分率的方法,能正确求出百分率。

2.运用百分率解决简单的实际问题。

★学习指导

百分率的应用，主要是求一个数是另一个数的百分之几的问题,可以利用一些常用百分率的计算公式解决问题。

百分率在工农业生产和日常生活中有着广泛的应用。如合格率、成活率、出油率、出粉率、发芽率等。

★活动案例

张大奎种树

★知识卡片

成活率是指成活的棵数占植树总棵数的百分之几。

成活率=成活棵数÷植树总棵数×100%

张大奎植树的成活率：190÷200×100%=0.95×100%=95%。

发芽率是指发芽种子数占试验种子总数的百分之几。

发芽率=发芽种子数÷试验种子总数×100%

像上面这样用百分率进行统计的实例还有很多，如榨油时的出油率、小麦的出粉率等。它们都可以按照上面的方法计算。

★知识链接

成数与折数的认识

我们常说，一件衣服还有九成新，某乡镇粮食增产一成五，某县小麦减产一成二……这些说的都是成数。

一成就是$\frac{1}{10}$，写成小数是0.1，写成百分数是10%。

二成就是$\frac{2}{10}$，写成小数是0.2，写成百分数是20%。

四成二就是$\frac{42}{100}$，写成小数是0.42，写成百分数是42%。

生活中，我们常会看到打折销售的商品，比如：海尔冰箱打八折销售，一件衣服打七五折销售，等等。

一折就是$\frac{1}{10}$，写成小数是0.1，写成百分数是10%。

二折就是$\frac{2}{10}$，写成小数是0.2，写成百分数是20%。

六五折就是$\frac{65}{100}$，写成小数是0.65，写成百分数是65%。

★教你一招

“折数”计算

首先要知道钾肥的原价，才能计算出打七五折后的价格。

原价×折数=现价

如：一袋钾肥(25公斤)的原价为90元，打七五折销售，现在一袋是多少元？

$$90\times75\%=90\times0.75=67.5(元)$$

答：现在一袋是67.5元。

又如：一件衣服原价是400元，现在打七折，现价是多少元？

$$400\times70\%=280(元)$$

答：现价是 280 元。

练一练

一、这是扫盲学员练习的题目，你能用百分数写出下列各数吗？

七成五就是______%； 三成二就是______%；

六成就是______%； 八折就是______%；

四五折就是______%。

二、孙大爷在荒山上植树，一共植了 110 棵，有 8 棵没有成活。成活了多少棵？这批树的成活率是多少？

三、农科所的实验田里，试验 300 粒玉米新品种，发芽 285 粒，这批种子的发芽率是多少？

四、根据图中的条件，解答问题。

主题4 家庭记账

★学习目标

1.掌握记录日记账的方法。

2.养成平时记录账目的习惯。

★学习指导

本主题的学习要以实际案例为主,多创设一些实践活动,在活动中学习记账的方法。

每个家庭每天都有不少的花销,每个月、每年有不少收入,你能把它们记下来吗?生活中的记账方式有很多种,通常有日记账、分类账等,你会记简单的日记账吗?

★活动案例

王明的一天

★知识卡片

我们一起来将王明一天的收支情况记录下来。

常见的记账本

日　期	事　由	收　入	支　出
2010–9–15	乘车		–5.00
2010–9–15	卖菜	+30.00	
2010–9–15	卖山货	+82.00	
2010–9–15	吃午饭		–5.00
2010–9–15	购买生活用品		–20.00

表中的+30.00 表示收入 30 元钱，–20.00 表示支出 20 元钱。

★知识链接

中国的记账方法，最早诞生于秦代，是以“入、出”为会计记录符号的简明会计记录方法。以“入–出=余”作为结算的基本公式，被称为“入出(或收付)记账法”

★教你一招

用符号记账很方便

有的人记账用文字"入、出"或"收、支"等表示出入情况。如:收入30元就记作:"入30元"或"收30元";支出20元就记作:"出20元"或"支20元"。这样记账虽然清楚,但是写起来比较麻烦。还可以设计一个自己喜欢的符号来代替"入"与"出"或"收"与"支"。像用"↑"代表"入"或"收",用"↓"代表"出"或"支"。收入30元可以记作"↑30元",支出20元可以记作"↓20元"。

练一练

一、这是李兵家这个月的收支情况记录,请你帮忙把它记录在记账本中。

2010年12月3日	卖土豆	482元
2010年12月7日	卖玉米	651元
2010年12月12日	购化肥	726元
2010年12月20日	卖羊	1648元
2010年12月26日	购一台新电视机	1850元
2010年12月26日	为父母买新衣服	698元

日期	事由	收入	支出

二、为自己的家庭或店铺制作一张合适的收支记录表，并坚持记录收入和开销，这样生活才会有计划。

三、设计一个自己喜欢的记账符号，并用这种符号记录自己在农业生产方面的收入与支出。

四、王维昨天上集市卖黄花菜收入20元，卖小米收入30元，卖玉米收入70元，买布料花去20元，买调味品花去19元。王维昨天共收入多少元？支出多少元？除去支出后还剩多少元？

主题5 精打细算

★学习目标

1.能够理解利润的实际意义。

2.能够计算生活中有关利润的问题。

★学习指导

本主题的学习要以实际为主，多创设一些实践活动，在活动中学习利润的计算方法。

我们逛集市时经常会看到商品打折，那么，什么是折扣呢？如果你投资做买卖，会带来利润，那么，什么是利润呢？

★活动案例

★知识卡片

利润

什么是利润？举个例子来说，赵东梅做服装生意，用500元钱(本金)批发了一批衣服，卖完后共获得800元钱(收入)，800−500=300(元)，这300元钱就是她获得的利润。

计算利润的公式：收入−本金=利润

算一算利润有多少？

胡进明花210元钱买了300斤土豆拉到集市上去卖，一共卖了350元钱，中午吃饭花了10元钱，来回运费花去50元钱。胡进明卖土豆的纯利润是多少钱？

★知识链接

每到逢年过节的时候，城里的百货商场都会举办一些促销活动。如：买二送一，打八五折，满200元送60元购物券等。这些都是百货商场为了吸引消费者、提高销售额所采取的一种营销手段。如果你也想开店做生意，不妨仔细了解一下百货商场所采取的促销手段，自己也可以试一试。

★教你一招

货比三家要用心，计算比较不吃亏

甲超市：买四送一，所以付四瓶的钱就可以拿到五瓶油，也就是12×4=48（元）。

乙超市；每瓶八五折，那么每瓶的价钱就是：12×85%=10.2（元），买5瓶的价钱就是：10.2×5=51（元）

通过计算比较，发现去甲超市买油比较合算。

我们可以通过计算来比较去哪家超市买油比较合算。

练一练

一、李芳在村口卖雪糕，每支雪糕的批发价是7角，零售价是1元。卖出20支后，能挣多少钱呢？

二、我要买一台电风扇，原价300元，现在打八折。谁来帮我算一算，我应该带多少钱呀？

主题6 贷款与储蓄

★学习目标

1.了解存款、贷款的基本知识。

2.能够通过计算,选择合理的存款方式和贷款方式,掌握一些投资的基本技巧。

★学习指导

由于“利息”是生活实践中能接触到的活生生的知识,学习者在原有的生活中就有相关的知识储备,所以在学习这部分内容时可以从学习者的实际出发,引导学习者从生活实际中理解有关利息、利率、本金的含义,体会数学的实际应用。

你打算投资做一点生意,可是没有钱,怎么办呢?你办理过贷款吗?知道贷款利息是怎么算的吗?当家里面有了一些积蓄的时候,你打算怎样去处置这些积蓄呢?

★活动案例

贷款圆了致富梦

王明是兰州市皋兰县的一个普通农民。2004 年前一家人以种地为生。2004 年他申请到了 1000元的小额贷款，养了一头牛。一年后，他去银行还款。

★知识卡片

如何计算利息

如果你从银行贷款，就要向银行付利息；如果你将钱存入银行，银行会付给你利息。

让我们来看一看利息的计算。

1.贷款的利息。

魏国祥向银行贷了 1000 元钱，假定一年期的贷款年利率是 6.31%，一年贷款到期后他得付多少利息呢？其实计算利息有一个公式：

贷款利息=贷款金额×利率×贷款期

利用这个计算公式我们就能很快算出利息。

1000	×	6.31%	×	1	=	63.1（元）
↑		↑		↑		↑
贷款金额	×	利率	×	贷款期	=	贷款利息

所以现在他应向银行还款：1000+63.1=1063.1（元）。

2.储蓄的利息。

如果存了款,想提前知道银行能给自己多少利息,又该如何计算呢?

存款利息=存入金额×利率×存期

如:1000元存1年期定期储蓄(假定年利率为3.25%):

1000 × 3.25% × 1 = 32.5(元)

↑ ↑ ↑ ↑

存款本金 × 利率 × 存期 = 存款利息

到期本金与利息一共1000+32.5=1032.5(元)。

★知识链接

不同的储蓄方式有不同的利率,不同时期银行的存款利率也有可能不同。下面按照2009年年初中国人民银行规定的利率,介绍几种典型储蓄方式的计息方法。

1.活期储蓄:活期储蓄每年6月30日为结息日,并把所得到的利息并入本金起息,即“利滚利”或“年复利”。未到结息日前如储户要全部提取本金,利息清算至结清前一天为止。如:3月30日存入活期1000元,利率为0.72%,存期5个月,由于6月30日为结息日,此时的利息=1000×3×(0.72%÷12)=1.8元,本息=1001.8×2×(0.72%÷12)=1.2元,本利总额=1001.8元+1.2元=1003元。

2.定期储蓄:定期储蓄到期支取,其利率按存入时约定的利率计算。如某人存入1000元2年期定期储蓄,其利息=1000×2×2.70%=54元。

3.定活两便储蓄：按1年期内定期整存整取利率打6折计算，如打6折后低于活期存款利率，则按活期存款利率执行。

4.零存整取定期储蓄：按每月固定存额每月固定存入，一次计算，其利息=(首次存入金额+末次存入金额时的总金额)×次数÷2×月利率

★教你一招

为了孩子的明天

——教育储蓄

教育储蓄存款是面向在校小学四年级（含四年级）以上学生开办的零存整取定期储蓄存款。具有存期灵活、总额控制、利率优惠、利息免税等好处。办理开户时，须持储户本人(即学生)户口簿或居民身份证到银行的各营业网点以储户本人（即学生）的姓名开立存款账户，储户填写存款凭条，注明教育储蓄即可办理。教育储蓄存款的期限分为1年、3年和6年。起存金额都是50元，存款最高限额是2万元。

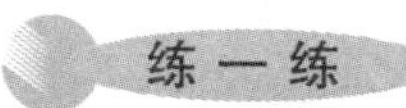

练一练

一、李大妈有20000元钱想存入银行，定期两年，年利率4.15%，到期后能得到多少利息？

本金 × 年利率 × 年限 = 利息

↓ ↓ ↓ ↓

（ ）×（ ）×（ ）=（ ）

二、定期存款一年年利率3.25%，活期存款年利率0.50%。王明家有5000元钱，想存一年，定期存款比活期存款的利息多多少元？

三、向你身边的家人和朋友说一说，你了解的有关存款、贷款、保险和投资的知识。

模块七
技术性计算

本模块分“按比例配兑农药”、“基本图形和面积计算”、“体积和容积的计算”3 个主题。利用贴近农村生活的素材，引导学习者把所学的数学知识应用到现实生活中，以体会数学在现实生活中的应用价值。其中“基本图形和面积计算”应利用生活中土地面积的计算感知计算公式，“体积和容积的计算”应在具体案例中学习和应用计算公式。

主题1 按比例配兑农药

★学习目标

1.学会按比例配兑农药的计算方法。

2.认识到农药按比例配兑的重要性，形成安全使用农药和保护环境的意识。

★学习指导

充分利用学习者已有的生活经验，从学习者的生活经验中积极回忆有关配兑农药的知识。利用贴近农村生活的素材，引导学习者把所学的数学知识应用到现实生活中去，以体会数学在现实生活中的应用价值。

我们经常使用农药消灭病虫害，怎样配兑农药才能使药效最好，最彻底地消灭害虫呢？

★活动案例

河西村的『马大哈』

配兑农药一定要按照农药使用说明书上的要求进行。

正确配兑农药

下面是蔬菜杀虫剂的使用方法。

使用方法

防治小菜蛾，稀释1000倍，十天的防效可达78%~96%。建议连续用药2次，间隔7~10天1次。喷雾时应均匀喷湿蔬菜的叶面、叶背及心叶。

有10千克水需要加入多少克药液？

蔬菜杀虫剂药液在防治小菜蛾时要稀释1000倍，就是说1000克的水需要1克的药液，所以10千克水需要加入的药液，我们可以这样计算：

10千克=10000克，10000÷1000=10(克)

这下我懂了，看来配兑农药时可不能凭感觉呀！

★知识链接

黄瓜坐瓜时的施肥方案："1亩地用尿素10千克，金葵子LPK肥3千克兑水200倍淋施于根部。"

你理解上面话的意思吗？请你按上面的施肥方案，计算出3亩地需要尿素多少千克，金葵子LPK肥多少千克，水多少千克。

巧用农药瓶盖配兑农药

一般农药生产厂家在生产农药时，都把农药瓶的瓶盖制作成一个固定容量的量杯，以方便农民朋友们在配兑农药时使用。因此，配兑农药时，仔细看一看说明书，然后根据说明书中建议的配兑比例进行农药配兑。假如一瓶盖的容量是10毫升，农药的配兑比例是500倍。两瓶盖农药应该加水 $10\times2\times500=10000$（毫升），因为1毫升水重1克，所以需要加水10000克，也就是10千克。

练一练

下面是一种农药的使用说明书。李大爷家的菜地生了蚜虫，需要用水24千克配兑该农药进行喷洒，要用多少克药液？

中文通用名称：10%烯啶虫胺水剂

使用方法：

1. 防治茶树小绿叶蝉、茶黑刺粉虱用10%烯啶虫胺水剂稀释2000~3000倍均匀喷雾。

2.防治蔬菜蚜虫用10%烯啶虫胺水剂稀释3000~4000倍均匀喷雾。

3. 防治果树蚜虫时稀释2500~3000倍均匀喷雾。

主题2 基本图形和面积计算

★学习目标

1.正确掌握正方形、长方形、三角形、平行四边形、梯形和圆的基本特征和面积计算公式。

2.培养运用所学知识解决实际问题的意识,并熟练运用公式解决生活中的实际问题。

★学习指导

在掌握长方形、正方形、三角形、平行四边形、梯形和圆的基本特征的基础上学习面积计算公式。学会面积计算公式后,学习者应在现实情境中,充分利用计算实际土地的面积感知计算公式。

在生产生活中,我们经常需要测算土地的面积,了解一些基本图形的特点,并掌握这些图形面积的计算方法,进而会计算实际生活中的一些土地的面积,这对我们的日常生活有很大的帮助。

李大爷家盖新房

新房前面的长方形墙长 6 米、高 3 米，正方形窗户的边长是 2 米。

★知识卡片

我们一起来学习图形面积的计算。

1.正方形

在上面的案例中,新房的这面墙是一个长方形,窗户是一个正方形。要想算出需要多少平方米的瓷砖,就得先学会计算正方形和长方形的面积。

四条边相等且四个角都是直角的四边形是正方形。

正方形的面积=边长×边长

用字母表示:

$$S=a\times a$$

(S—正方形的面积,a—正方形的边长)

2.长方形

对边相等且四个角都是直角的四边形是长方形。

宽(b)

长(a)

长方形的面积=长×宽

用字母表示：

$S=a\times b$

（S—长方形的面积，a—长方形的长，b—长方形的宽）

李木匠正是利用上面的公式，帮助李大爷解决了难题。

新房的这面墙是一个长方形，面积是：3×6=18（平方米）；窗户是一个正方形，面积是：2×2=4（平方米）；需要的瓷砖面积是：18−4=14（平方米）。

3.三角形

由三条线段围成的图形叫做三角形。

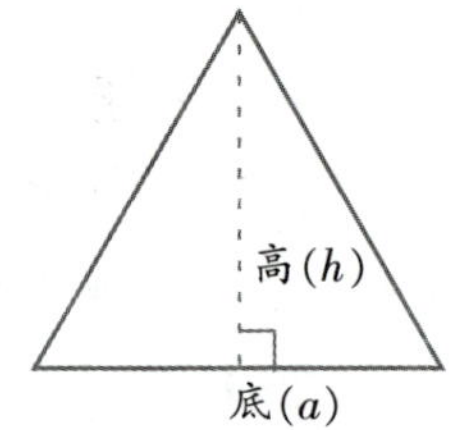

从三角形的一个顶点到它的对边引一条垂线，顶点和垂足之间的线段叫做三角形的高，垂足所在的边叫做三角形的底。

三角形的面积=底×高÷2

用字母表示：

$S=a\times h\div 2$

（S—三角形的面积，a—三角形的底，h—三角形的高）

例如：如图，要在公路中间的一块直角三角形空地上种草。这块草坪的面积是多少平方米？

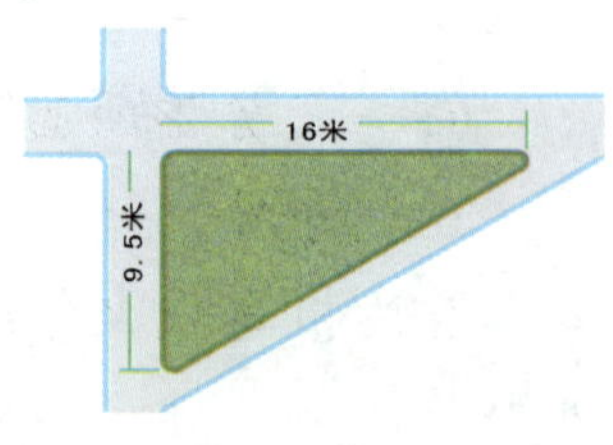

这块草坪的面积是：

16×9.5÷2=76（平方米）

4.平行四边形

两组对边分别平行的四边形叫做平行四边形。

从平行四边形一条边上的一点到对边引一条垂线，这点和垂足之间的线段叫做平行四边形的高，垂足所在的边叫做平行四边形的底。

平行四边形的面积=底×高

用字母表示：

$$S=a\times h$$

（S—平行四边形的面积，a—平行四边形的底，h—平行四边形的高）

例如：有一块平行四边形的麦田，底是250米，高是96米，这块麦田的面积是多少？

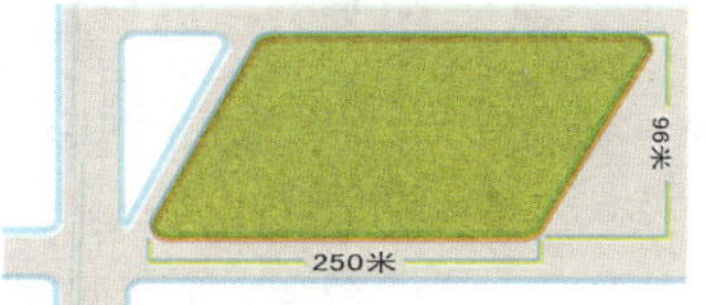

这块麦田的面积是：

250×96=24000（平方米）

5.梯形

只有一组对边平行的四边形叫做梯形。

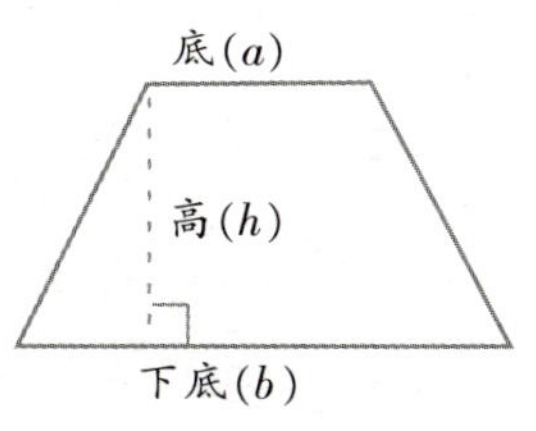

在梯形中，平行的一组对边分别叫做梯形的上底和下底，不平行的一组对边叫做梯形的腰，从上底的一点向下底引垂线，垂线段叫做梯形的高。

梯形的面积=(上底+下底)×高÷2

用字母表示：

$$S=(a+b)\times h\div 2$$

（S—梯形的面积，a—梯形的上底，b—梯形的下底，h—梯形的高）

例如：如图，靠墙边围成一个直角梯形花坛，围花坛的篱笆长46米，求这个花坛的面积。

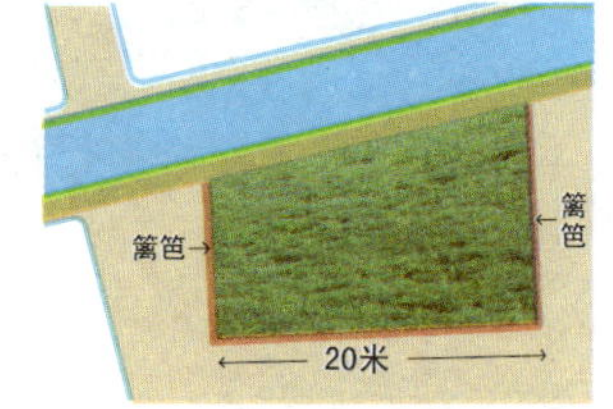

花坛是个梯形，梯形上底与下底的和是：46−20=26（米）

这个花坛的面积是：26×20÷2=260（平方米）

6.圆

圆是平面上的一种曲线图形。

把一个纸上画好的圆剪下来，对折，打开，再换个方向对折，再打开，反复折几次。这些折痕相交于圆中心的一点，这一点叫做圆心，一般用字母 O 表示。连接圆心和圆上任意一点的线段叫做半径，一般用字母 r 表示。通过圆心并且两端都在圆上的线段叫做直径，一般用字母 d 表示。

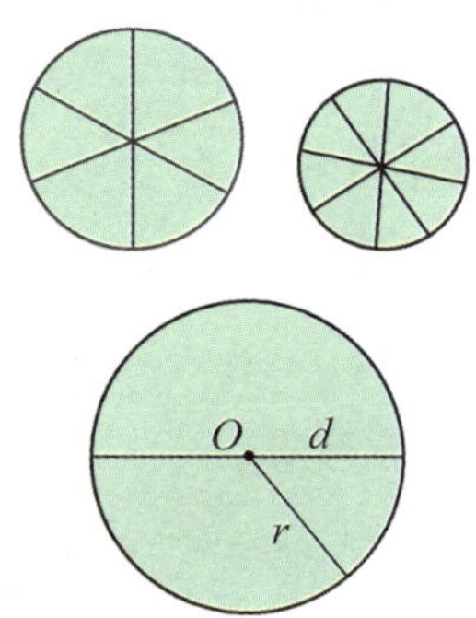

圆的面积=圆周率×半径×半径=圆周率×半径^2

用字母表示：

$$S=\pi\times r^2$$

（S—圆的面积，π—圆周率，r—圆的半径。π 一般取3.14）

例如：一个圆形牛栏的半径是10米，这个牛栏的面积是多少平方米？

牛栏的面积$=\pi r^2=3.14\times10^2=3.14\times100=314$(平方米)

★知识链接

周　长

一个封闭图形一周的长度叫做这个图形的周长。

1.正方形

正方形的周长=边长×4

用字母表示：

$$C=a\times4$$

2.长方形

长方形的周长=(长+宽)×2

用字母表示：

$$C=(a+b)\times2$$

3.圆

圆的周长=圆周率×半径×2=圆周率×直径

用字母表示：

$$C=\pi\times r\times2=\pi\times d$$

不规则图形的面积

如果计算不规则的图形面积,我们可以先将其分割成若干正方形或长方形,再按正方形和长方形的面积公式计算各个图形的面积,最后将各个图形的面积相加,就是不规则图形的面积了。

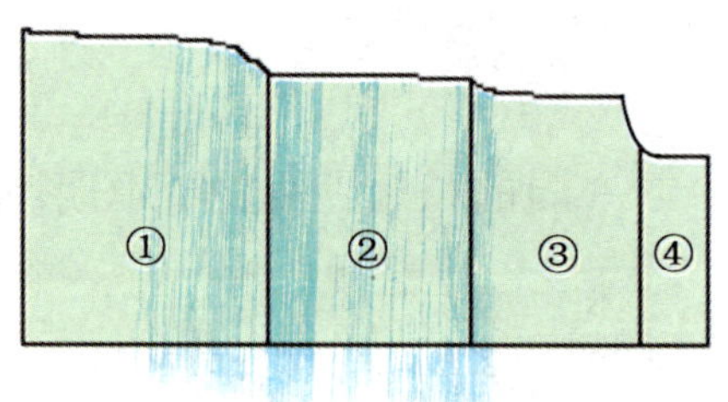

练一练

一、如图,张大伯和李大伯家各有一块地,比一比,谁家的面积大?

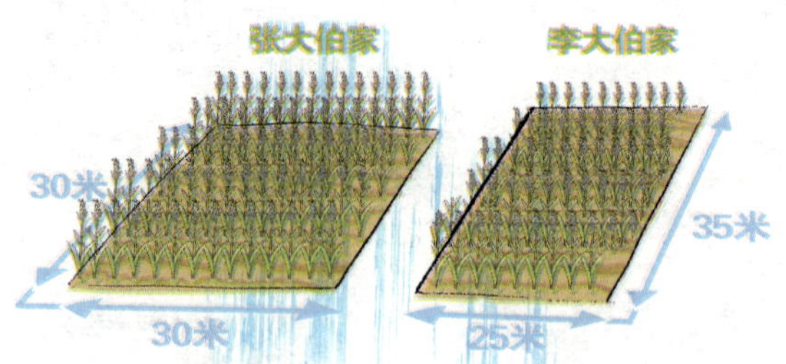

二、王明家种蔬菜的塑料大棚,地面是长方形,长是30米,宽是20米,这块地的面积是多少平方米?

三、用直尺或卷尺量一量自家的庭院，算出面积，并向家人说一说你是怎样计算的。

四、李大爷承包了一口鱼塘，这口鱼塘的形状是三角形。其底是 80 米，高是 75 米。鱼塘的面积是多少平方米？

五、王文昌在南山上开辟了一块形状是平行四边形的果园，底是 80 米，高是 50 米，这块果园的面积是多少平方米？

六、如图，郭家庄新挖了一条水渠，横截面是梯形。渠口宽 2.8 米，渠底宽 1.4 米，渠深 1.2 米。它的横截面的面积是多少平方米？

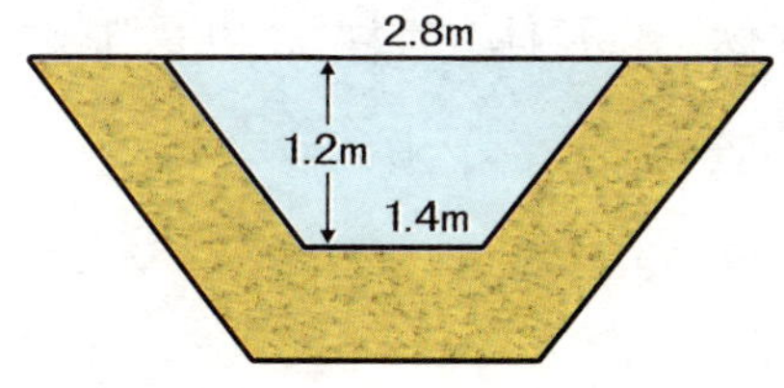

七、李兵家的菜园子里安装了一个自动旋转喷灌装置，射程是 20 米，它能喷灌的面积是多少呢？

主题3 体积和容积的计算

★学习目标

1.理解长方体、正方体、圆柱体、圆锥体的体积计算公式。

2.会利用长方体、正方体、圆柱体和圆锥体的体积计算公式计算相应图形的体积,并能实际应用。

★学习指导

1.学习者应首先弄清楚与计算体积有关的相关图形的长、宽、高、底面半径、底面积等指的是什么,在此基础上理解体积的计算公式;

2. 关于体积和容积计算的学习, 主要是对计算公式的应用,因此,应多在具体案例中学习和应用计算公式。

生活中经常会遇到计算一些物体所占空间大小的问题,或是一些物体能容纳其他物体的多少的问题,这就要求物体的体积或容积。生活中常见的物体的形状大多是长方体、正方体、圆柱体和圆锥体,学会计算这些形状的物体的体积和容积对我们很有用。

★活动案例

王明做工遇到的问题

★知识卡片

生活中经常要计算一些物体的体积或容积。

生活中的物体大多以某种立体图形的形式出现。常见的立体图形有长方体、正方体、圆柱体、圆锥体等。

1.长方体体积和容积的计算

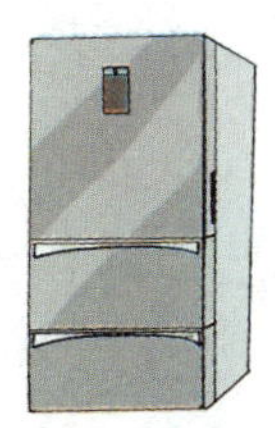

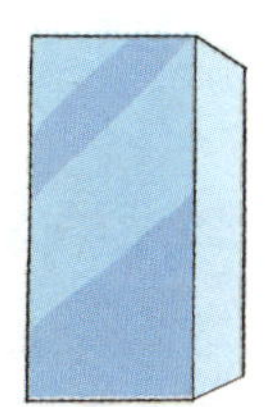

长方体有 8 个顶点，12 条棱，6 个面。相对的 4 条棱长度相等，相对的两个面面积相等。

长方体的体积=长×宽×高

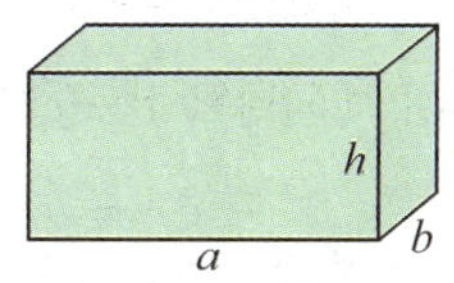

用字母表示：

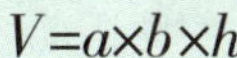

$$V=a\times b\times h$$

（V—长方体的体积，a—长方体的长，b—长方体的宽，h—长方体的高）

例如：长方体鱼塘长8米，宽5米，深2米，这个鱼塘的容积是多少？

$V=8\times5\times2=80$（立方米）

这个鱼塘的容积是80立方米。

2.正方体体积和容积的计算

正方体有8个顶点，12条棱，6个面。12条棱的长度都相等，6个面的面积也相等。

正方体的体积=棱长×棱长×棱长

用字母表示：

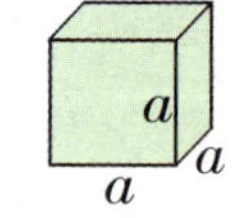

$$V=a\times a\times a$$

（V—正方体的体积，a—正方体的棱长）

例如：一块正方体石料，棱长是8分米，这块石料的体积是多少？

$V=8\times8\times8=512$（立方分米）

这块石料的体积是512立方分米。

3.圆柱体体积和容积的计算

圆柱体的两个圆面叫做底面，周围的面叫做侧面，两个底面之间的距离叫做高。

圆柱体的体积=底面积×高

用字母表示：

$$V=S\times h=\pi\times r^2\times h$$

(V—圆柱体的体积,S—圆柱体的底面面积,h—圆柱体的高,r—圆柱体的底面半径)

例如:下面这个杯子能不能装下这袋牛奶?(杯子的尺寸数据是从里面测量得到的。)

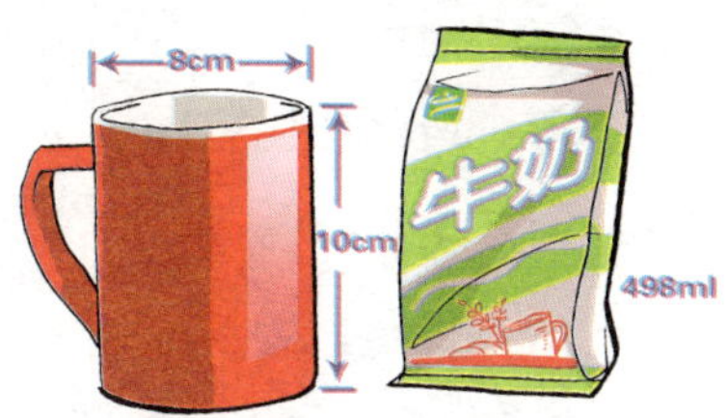

要解决这个问题,先要计算出杯子的容积。

杯子的容积是:$3.14\times(8\div2)^2\times10=502.4$ (立方厘米)=502.4毫升。502.4 毫升>498 毫升,所以这个杯子能装下这袋牛奶。

4.圆锥体体积和容积的计算

圆锥体的底面是个圆,侧面是一个曲面。从圆锥体的顶点到底面圆心的距离是圆锥体的高。

圆锥体的体积=底面积×高÷3

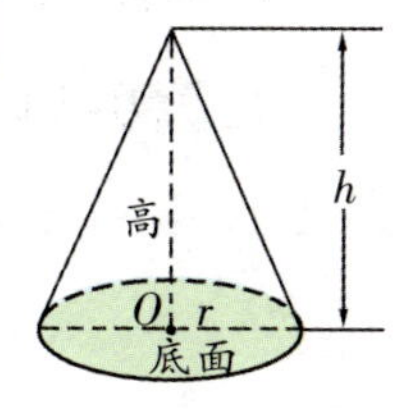

用字母表示:

$$V=\frac{1}{3}\times S\times h=\frac{1}{3}\times\pi\times r^2\times h$$

（V—圆锥体的体积，S—圆锥体的底面面积，h—圆锥体的高，r—圆锥体的底面半径）

例如：如图，王好学做工的建筑工地上有一些砂子，堆起来近似于一个圆锥体，这堆砂子有多少立方米？

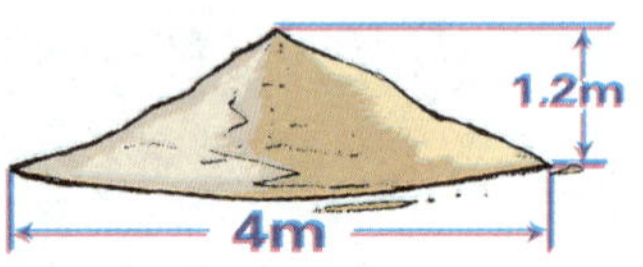

$3.14\times(4\div2)^2\times1.2\div3=5.024$（立方米）

这堆砂子有 5.024 立方米。

长方体、正方体、圆柱体的表面积

在生活中，有时候需要计算长方体、正方体、圆柱体等立体图形的表面积。计算这些立体图形的表面积也有特定的公式。

长方体的表面积=（长×宽+宽×高+长×高）×2

$=(a\times b+a\times h+b\times h)\times2$

正方体的表面积=棱长×棱长×6=$a\times a\times6$

圆柱体的表面积=2×底面积+侧面积

=2×圆周率×底面半径的平方+2×圆周率×底面半径×圆柱的高

$=2\pi\times r^2+2\times\pi\times r\times h$

长方体、正方体、圆柱体体积的统一计算公式

长方体、正方体、圆柱体是三种不同的立体图形，但是它们也有相同点。它们的体积可以用同一个公式来计算。

体积=底面积×高

用字母表示：

$V=S\times h$

长方体：	正方体：	圆柱体：
V 表示长方体的体积， S 表示长方体的底面积， h 表示长方体的高。	V 表示正方体的体积， S 表示正方体的底面积， h 表示正方体的高。	V 表示圆柱体的体积， S 表示圆柱体的底面积， h 表示圆柱体的高。

用量杯测体积

我们平常测一个小物体或溶液的体积，可以用量杯或量筒直接测量。

下图是一个量杯，量杯上有刻度。测量液体的体积时，直接将液体倒入量杯，读出液面的刻度，就是要测量液体的体积。这在配置一些农药时既准确又省事。

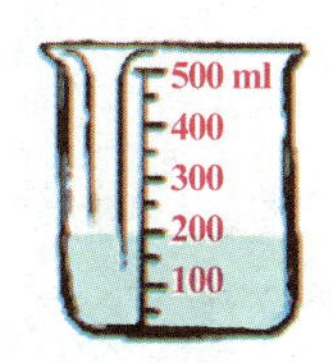

如果要测量一个小物体的体积，可以用如下的方法。

这个西红柿的体积是多少？按下面的方法操作。

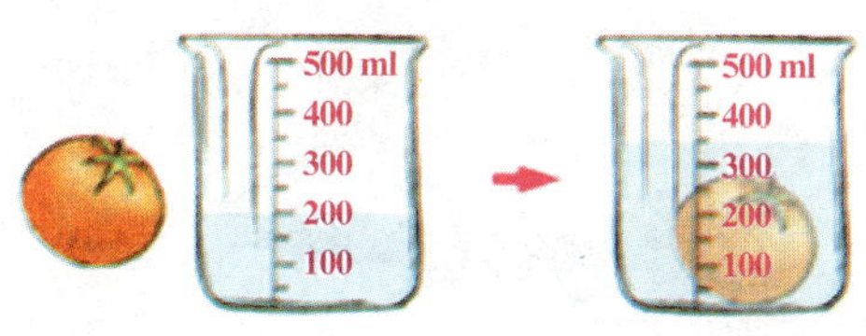

想：西红柿的体积就是水面上升的那部分水的体积。

西红柿的体积=350-200=______(ml)

=______(cm^3)

练一练

一、一个正方体的纸盒包装箱，棱长是10分米（棱长是从纸盒的内侧量得的）。这个包装箱的容积是多少？

二、黄辉做工的建筑工地要挖一个长50米、宽40米、深0.5米的长方体土坑。挖这个土坑时，能挖出多少方土？

在工程上，"1 m^3"的土、砂、石等均简称"1方"。

三、一个圆柱形粮囤，从里面量得底面半径是1.5米，高是2米。这个粮囤的体积是多少立方米？如果每立方米玉米约重750千克，这个粮囤能装多少千克玉米？

四、李冬玲将自己家刚褪完麦衣的小麦堆在麦场上，形成了一个近似的圆锥体。这个圆锥的底面半径是1.6米，高是1.1米，这堆小麦的体积是多少立方米？

五、李强有一块棱长是4分米的正方体铁块，他想让铁器加工厂的工人师傅把这块正方体铁块锻造成宽是2分米、高是1分米的长方体铁块。锻造后长方体铁块的长是多少分米？

六、吴爱菊为了测出一个土豆的体积，采用了如下的方法：在一个长方体容器中倒入一半的水(容器内壁的长和宽分别是20厘米和15厘米)，将土豆放入容器中，全部淹没在水中，发现水面升高了5厘米。这个土豆的体积是多少？

后 记

为贯彻落实全省扫盲工作会议精神，进一步提高扫盲教育质量，推动我省扫盲工作深入开展。根据甘肃省教育厅印发的《甘肃省扫盲教育课程设置及教学材料编写指导纲要（试行）》要求，充分考虑我省实际和成人学员认知特征，我们本着既能用于扫盲班集中教学，又能适合分散自学，也能用于脱盲后巩固提高的原则，编写了《现代农民知识系列试验读本·生活中的数与算》，力求做到图文并茂，深入浅出，通俗易懂，让学员能够学得好、记得住、用得上。

试验读本出版后，在临夏、甘南、陇南等地进行试用的基础上，广泛听取扫盲专家、教师和学员意见，根据反馈意见，我们对教材的内容和呈现形式进行了修订。在修订过程中，适逢教育部颁布《扫盲教育课程设置及教学材料编写指导纲要》。省教育厅随即组织人员，严格按照《纲要》精神，对读本进行了较大的修订完善，并更名为《现代农民扫盲教育系列读本·生活中的数与算》。

修订后的《生活中的数与算》共分七个模块、三十四个主

题。每个主题都有“引言”、“活动案例”、“知识卡片”、“知识链接”、“教你一招”和“练一练”等六个部分。“活动案例”用图画的形式呈现了与学习内容相关的生活案例;“知识卡片”介绍了学习者需要掌握的主要知识内容;“知识链接”用于拓展学习者的视野;“教你一招”给学习者提供了一些实用的数学方法;“练一练”则给出了让学习者学习后自己尝试解决的问题,以起到巩固提高的作用。每个模块中的几个主题之间除了内容具有一定的相关性外,人物和故事的编排也具有一定的连贯性,以增强读本的可读性。

《生活中的数与算》修订工作由甘肃省教育科学研究所崔建民主持,参与修订的同志有兰州市七里河区教育局教研室耿斌、甘南州教育局杨东戈、兰州市城关区教研室魏晋河。崔建民和耿斌对修改稿进行了统审。

全国扫盲教育专家委员会理事、甘肃省教育厅旦智塔副厅长为编写《现代农民扫盲教育系列读本》倾注了大量心血,自始至终坚持高标准、严要求,亲自组织编写人员反复修改,集思广益,求真务实,认真把关,做到了“不离纲、不偏纲”,难易程度基本符合教育部《纲要》精神和要求,使新读本在内容、结构、形式等多方面取得了实质性突破,呈现出规范严谨、特色鲜明、实用性强的特点。在此,我们表示诚挚的感谢并致以崇高的敬意!

编写组

2011 年 7 月

图书在版编目(CIP)数据

生活中的数与算/旦智塔主编.—兰州:兰州大学出版社,2009.1

(现代农民扫盲教育系列读本)

ISBN 978-7-311-03191-6

Ⅰ.①生… Ⅱ.①白…②旦… Ⅲ.①数学—扫盲—农民业余学校—教材 Ⅳ.G725.814

中国版本图书馆CIP数据核字(2009)第012915号

责任编辑 雷鸿昌 张 仁
美术编辑 张友乾
插 图 王士勇
封面设计 何 建

书 名 生活中的数与算(修订版)
作 者 甘肃省扫盲教育系列读本编委会 编
主 编 旦智塔
出版发行 兰州大学出版社 (地址:兰州市天水南路222号)
电 话 0931-8912613(总编办公室) 0931-8617156(营销中心)
0931-8914298(读者服务部)
网 址 http://www.onbook.com.cn
电子信箱 press@lzu.edu.cn
印 刷 天水新华印刷厂
开 本 880×1230 1/32
印 张 5.75
字 数 120千
版 次 2009年1月第1版
2011年7月第2版
印 次 2013年6月第3次印刷
书 号 ISBN 978-7-311-03191-6
定 价 15.00元
